結婚の才能

小倉千加子

朝日新聞出版

結婚の才能・目次

はじめに

理想の結婚　予想の結婚 12

第一の作品／第二の作品

花嫁のアルバイト 21

抽象が具体に変わる時／結婚式のハードル

恋愛と結婚の間 30

ニューヨークの主婦／偽装恋人

新・結婚の条件 38

女は外に出しておく／働きに行く布団

愛の三角理論 46

7つの愛の型／お見合い界の法則

花の言葉 55

日本人女性のダブル・バインド／10歳の直観

日本の中心で愛を叫ぶ 64
アメリカ人の結婚／女性の序列
結婚がタクシーで来るとき 73
贅沢な条件／あなたは本気ではない
西荻夫婦 82
トロッコのような家族旅行／だから子どもを作らない
エリザベスになりたい 90
英国恋愛小説の傑作／結婚と感謝の関係
TSUTAYA族の告白 99
我を忘れてみたいのに／バージンロードを歩くとき
和歌山の母 108
娘のいない部屋で泣く／メランコリー型性格
計画通りに動かない人たち 117
兵隊の才能／全総の御大
家事をする父 126
遠い理想／母の言葉・父の教え

料理と片づけ 134
人間の4つのタイプ／片づけるということ
高すぎる理想 142
恋愛の才能／理想の恋人
職業選択の自由 150
二人でいることの孤独／現実を受け入れない職業
ミッキーマウスに祝われたい 158
まい子さんの独白／結婚は幸福の象徴である
ジャニーズのいる国 167
Charaもチャラになってしまい／脳内彼氏がいればいい
私の中のもう一人の私 175
女性の意識の二重性／台湾の結婚ファンタジー
女性の身体と保守性について 183
「女子大生ブーム」という残酷／本当のことは身体にしか分からない
あとがき

カバーイラスト／長谷川ひとみ
（有限会社ヴィジョントラック）
装丁／堀田滋郎、丸山裕子

結婚の才能

はじめに

「もちろん女の子はいつも『何か』を求めています。でもその『何か』が分からないので、堂々めぐりをしてるんです。手に入れたい仕事や夢ですら、それが『何か』に相応しいのかどうかが分からない。『結婚』は自分を変えるチャンスのようですが、結婚する時にも、この結婚は私の『何か』なのだろうかと迷いますよ。それに、結婚してもまだ『何か』を求めて堂々めぐりをするんですね。結婚して子どもが11人いる人とか、いるじゃないですか。あれは『何か』を求めることを諦めたかったんですよ。それでもまた『何か』を求めて、堂々めぐりをするんですよ。女の人はいつになったら、自分の『何か』が分かるんでしょうか？」

女子学生というのは、話す時にはいつも一瀉千里《いっしゃせんり》に話すものである。

人間「何か」が分かるのは死ぬ5秒前なのだという話を、どこかの本で私は読んだ。が、5秒前に「何か」が分かるのは男性の方なのだろう。女性には男性よりも早く「何か」が分かっていて、自分がそれを求めてきたことを知っているのだから。男性は「男性神話」のせいで、迷妄から醒めるのに時間がかかる。

「結婚が続いた秘訣は何ですか?」と、金婚式を迎えた夫婦を対象に銀行がする調査がある。結果はいつも同じである。

第1位は「忍耐」。他の回答を引き離してのブッちぎりの1位であり、夫側も妻側も同じである。「忍耐」が結婚を継続させる。

夫婦でも親子でも人間が二者関係を長続きさせる最大の方法は「抑圧することである」とフロイトも言っている。不快なことは水に流さないと、長いつきあいはできない。

「結婚していない人」で、「自分は結婚しても離婚する」と予想する人に、NHKがその理由を聞いている。

「恋愛は長続きしないから」

フロイトによれば「恋愛」とは催眠状態のことである。二人という集団内でかかる催眠。理性的思考が緩み、想像が現実味を帯びる。相手の言うとおりに行動する。「暗示」にかかっている。しかも幸福なのである。

結婚は永久就職ではないが、半永久催眠ではあるはずだった。が、催眠は醒めてしまう。催眠から醒めた二人がまじまじと相手の顔を見ながら毎日食事をしろと要求される。身体は家にいても、心は彼方にいる人がいる。

「恋愛」は終わるが、「結婚」は終わらない。

長い催眠不在の時間を、どうやって埋めればいいのかという、多分全員が感じている問題を誰も公には口にしない。「抑制」されているからである。

が、現実には中年の男女は寄ると触ると恋愛の話をしている。みな催眠にかかりたいのだ。催眠術師が周囲にいない。

自分が催眠をかけにいくために、粉を40人にかけたが誰一人ひっかかってはこない。このまま朽ち果てたくはない。もう一花咲かせたい。そういう気合で生きている男性がいる。本心では大抵はそう思っている。

なぜ昔は恋愛できたのに、今になって恋愛と遭遇できないのだろう。

「恋愛」には敏感期がある。若い人の方がかかりやすい。心が柔軟だからである。

しかし、自分の子どもが誰かと恋愛しているのかどうかをイマドキの親は質問することができない。子どもに嫌われたくないからである。

晩婚化なので、子どもには早く結婚してほしい。だが、親が子どもに結婚相手を薦めると、その結婚に親は責任を取らねばならない。たとえ子どもが選んだ結婚相手であっても親は文句を言うことを控える。子どもに嫌われたくないからである。それに、子どもは親のもう一つの自分なので、もう一つの自分がやっていることによって、「自分という幻想」が崩されるのを見るのが怖いのである。自分が自分に幻滅したくはないのである。しかし、「自分という幻想」が完成してしまった人に恋愛は難しい。ピカソのように相手に応じて自分の世界観を変えられる人にしか、恋愛はできない。ピカソには、技術はあっても自分はないのだ。

人が恋愛をする時、相手との出会いとマッチングには無数の順列組み合わせがある。「つきあって1週間で別れました」と言う子どもはザラにいるが、1週間で「つきあった」ことになるということが大人には分からない。「つきあう」という経験の内容が劇的に変化しているのは、「恋愛」という感情自体が変容しているからである。

努力して相手の性格やセンスを変えるぐらいなら、相手を替える方がましである。

「恋愛はするが、恋人はいらない」と言う人がいる。

「恋愛」という体験は好きだ。が、オフになると一人でいたい。恋愛とは食事とベッドを共にすることである。が、それが終わったら自分の部屋で眠りたい。「恋人」から「恋」だけを抽出し「人」という余計なものは棄てたい。恋人に生活体の持つ属性など一切求めない。アラジンの魔法のランプがあれば、恋人は欲しい時に突如出現し、要らない時には即座に消えてくれる。「恋愛」は抽象化と断片化を加速させている。恋愛嗜癖《しへき》である。

しかし、「結婚」は具体で綜合の仕事である。しかも３Ｋ（きつい・汚い・危険）の仕事である。

「結婚」するには才能がいるのである。

理想の結婚　予想の結婚

結婚しようとする人には、就職がそうであるように、理想の結婚イメージが存在する。大学生に、自分の「理想の結婚と予想の結婚」を書いてもらったことがある。

「理想の結婚を書いたあとに、予想できる現実の結婚を書くのです」と言ったら、「理想の結婚でないなら、結婚することに何の意味があるでしょう？」と質問しに来た学生がいた。

作品の中から二人分を紹介する。

第一の作品

《女子学生ハナコの理想の結婚》

○　夫プロフィール

30歳（3歳年上）の健康成人男性。176cm、73kg、O型。曾祖母がモナコ人。実家は目黒区にある200坪の純和風建て。沖縄の離島にプライベートビーチつきの別荘を親が持っている。窪塚洋介似。大物政治家の次男で、父の政策秘書をしている。

趣味はスキューバダイビング、テニス。特技は、中川家の礼二のモノマネ。好きなテレビ番組は「タモリ倶楽部」。

性格は明るく、前向き、一途、努力家、家族思い、正義感が強い、情熱家、行動力がある。

白のポルシェ所有。

○　結婚式

私27歳、夫30歳。4月の大安の日。快晴。身内だけを招いて結婚式をあげる。

八芳園で披露宴。職場の人、恩師などの目上の方をお招きして披露宴を開く。

プラチナストリート沿いのレストランを貸しきって、友人主催の結婚祝いパーティ。

ウェディングドレスは Chica Hanashima でオーダーメイド。結婚指輪はハリー・ウィンストンの1粒ダイヤ（1カラット）が埋め込んであるもの。ダイヤがリングからはみ出ていないデザインのもの。

新婚旅行はモルディブへ1週間。1日1本ずつ、3ダイブつき。

新居は、広尾駅まで徒歩5分以内の夫の祖母名義の新築マンション（3LDK・茶色のレンガ造り）の3階。

○　私目線の結婚生活

27歳　（4月下旬）結婚。日本銀行の副総裁秘書は続ける。
30歳　（7月中旬）長女「夏凜《かりん》」出産。私は週1回エステに通う。
31歳　職場復帰、フォルクス・ワーゲンのビートル（紺）を購入。
34歳　夫が参議院議員選挙に初出馬するため退職。夫、与党公認候補として無事初当選。
35歳　長男「海琉《かいる》」出産。
36歳　お手伝いさんを一人雇い始める。
37歳　（5月中旬）次男「譲慈《じょうじ》」出産。
＊子どもは幼稚園から3人とも、最寄りのインターナショナルスクールに入れる。子どもたちが小学校に上がると、馬をそれぞれ1頭ずつプレゼントする。馬は、軽井沢の馬舎に預ける。私と夫も1頭ずつ持っている。

長女にはバレエとピアノ。長男には能とヴァイオリン、次男には水泳とテニスを習わせる。

40歳（3月上旬）自由が丘駅まで徒歩5分以内のところに150坪、6LDKの家を建てる。6台入る駐車場、15mの温水プール、ビリヤード台つき。

（7月上旬）夫が衆議院議員選挙に出馬。小選挙区でトップ当選を果たす。

45歳　政治家の妻として夫を支えながら、途上国の児童教育支援団体（NPO）を立ち上げ、精力的に活動する。

（9月上旬）長女がバレエ留学のためモナコへ立つ。モナコの親戚の家でホームステイする。

《予想の結婚》

● 夫プロフィール

33歳（2歳年上）の健康成人男性。172cm、68kg、B型。日本国籍の純日本人。実家は大田区にある40坪の2階建て1軒家。山口智充似。サラリーマン家庭の次男で、ホンダに勤めている。

趣味はF1観戦とサッカー観戦。特技は、星座早見表ナシで星座の位置が分かること。好きなテレビ番組は「やべっちFC」。

性格は、要領がよく、マメ、目移りしながら妻一筋、涙もろい、お笑い好き、動物好き、主婦的金銭感覚の持ち主、若干マザコンで甘えたがり、味噌汁の味にうるさい、新宿に詳しい、亭主関白に憧れている。愛車はクラウン。

●結婚式

私（31歳）、夫（33歳）。9月下旬の大安の日曜日。台風接近中で蒸し暑い。

ホテルオークラで披露宴（招待客100人）、引き出物はエルメスの食器。

ウェディングドレスはレンタル、お色直しは2回。打掛とピンクのドレス。

友人有志によるウルフルズの「バンザイ」のバンド演奏を手拍子しながら聞く。

高校時代の友達に、高校卒業のときの歌を替え歌にして歌ってもらう。

結婚指輪はカルティエの一番シンプルなデザインのもの。

新婚旅行はイタリアへ1週間。買い物し過ぎて夫に怒られる。

新居は、井の頭線の急行が止まらない駅から徒歩10分の築9年のマンション（2LDK）。

●私目線の結婚生活

31歳（9月上旬）結婚。大手玩具メーカー（タカラトミー）で総合職として勤務。

33歳（10月下旬）長男出産。

34歳　仕事復帰。

36歳　長男を暁星幼稚園に入れる。
37歳　（6月下旬）長女出産。
38歳　再び仕事復帰。
40歳　長女をカトリック系の幼稚園に入れる。
＊長男はサッカー、長女にはピアノを習わせる。
41歳　夫が香港支社に転勤になり、やむなく退職。
子どもは現地のインターナショナルスクールに入れる。
45歳　帰国。長男と長女は、私立小学校に編入させる。私は地域のボランティアに励む。
46歳　井の頭線沿線に40坪の家を建てる（3LDK）。
47歳　長女10歳の誕生日にポメラニアンをプレゼントする。ロン（♂）
48歳　夫が部長に昇進する。
51歳　長男が現役で東京工業大学に入学。

第二の作品

《女子学生カナの理想の結婚》
早ければ大学卒業と同時、遅くても25歳までには結婚したい。収入はいざというときに私が仕事をしなくとも、家庭を回していける程度はあると嬉しいです。老後のことも心配なので、経済観念があり計画的に貯金ができる人だと、お金を使うのが嫌いで貯金が趣味のような私との相乗効果で鬼に金棒です。もしも専業主婦になったら、毎日きちんと家事をこなし、お風呂と食事を完璧に準備して夫の帰りを待ちたいです。夫は仕事はおろそかにしないけれども、家庭をしっかり顧みてくれて、育児・家事にも協力的な人だと理想中の理想です。きちんと必要なことは連絡してくれて性格も浮き沈みが異常に激しくなく、理由もなく怒ったりしない人がいいと思っています。お酒はおつきあい程度で、煙草は吸わないというのが望ましいです。

また、私は一人っ子で独身の叔母も二人おり、将来必要に応じて介護するべき対象が大勢いるため、夫は次男以降で将来ご両親の介護をになう中心人物でないとさらに有り難いです。

《予想の結婚》

しかし、私は今現在お付き合いしている方と別れかかっているのですが、首の皮一枚で繋がっていてこのままいくと仮定すると、それは私の理想とかなりかけ離れることになります。

まず相手の学歴・年齢・身長は、G大学卒業・24歳・172cmと私の理想どおりですが、彼は家電量販店の販売員（月収20万ほど）をしており、ヒラの販売員から主任、店長代理、店長と昇進できたとしても収入はあまり変わらない業界にいるので、出産前後以外は私がフルタイムで働かないと家庭が成り立たないことが予想されます。

それに彼は趣味の車にお金をつぎ込んでしまうので、いつまでたってもお金が貯まることはなく、お付き合いしている今の段階でも頻繁に音信不通になるような人なので、結婚後家庭を顧みるようになるとは到底思えません。兄弟はお兄さんが一人いるので次男以降という条件は満たしています。

彼には「私はキスをすると妊娠し、それ以上のことをするとショックで流産する体質」と言い含めてあり、一応了解してくれてはいるのですが、「俺は将来できちゃった婚をすると思う」といつも言っているのでその点も若干心配しています。

彼と別れたとしても、卒業までに結婚できる人と出会える時間は残されているとも思えず、私が志望している就職先はあまり収入面で好待遇ともいえない業界なので、職場結婚をすると仮定するとその他の条件も満たした結婚ができると思えません。

そもそも私自身が滅多に男性を好きになれない性格なので、この頃は条件を白紙にしたとしても結婚することが不可能な気がして絶望的になっています。条件を満たす結婚を待っているうちにどんどん時間だけが過ぎ、気がついたら25歳も超えて焦り始め、結局妥協した結婚をして「人生こんなもんか……」とため息をつく日がくるようで恐ろしいです。

花嫁のアルバイト

医師であり弁護士であり弁理士でもある人を知っている。

都内に一戸建ての広い家を持ち、外車も3台所有している。

「30代でものすごく仕事のできる女性でね。結婚相手を募集中なんです」

すると、女子学生は私に必ずこう質問してくる。

「弁理士……って何ですか?」

中年以上の男性はこう質問してくる。

「その人は、３つの資格のうちどの仕事で食べてるんですか?」

女子学生と中年男性は、弁理士という職業を知っているか否かで線引きができる。一般的に、性別と年齢の相乗効果が世間知というものである。

が、こと結婚になると話は違う。

「結婚のスタートというのは何だと思います?」

「婚姻届を出すことではないんですか?」

中年男性はそう答える。

日頃から役所とのつきあいと闘いが多いので、紙切れ一枚の重さを男性は熟知しているのだろう。

しかし、結婚とは婚姻届を出して始まるものではない。

前章のことで確認しておくと、私が書いてほしいと指示したのは「理想の結婚と予想の結婚」である。英文学でいう「ロマンティック・アイロニー」を期待していた。第一の作品などは、そのことを意識して書いてある。妄想の思いのたけを文章にしている。しかしその例のように、多くの女子学生が詳しく書いてきたのは「理想の結婚式」である。自分を戯画化することにかけて、日本人は韓国人や中国人留学生の到底及ぶところではない。

もちろん、結婚式は結婚をスタートするセレモニーなのだから重要である。が、男子学生で「理想の結婚式」というものを書いてきた者は皆無である。結婚とは、男性にとっては区役所に行くことであり、女性にとっては結婚式場に行くことである。

結婚式の理想を想像するのは女性であるか、あるいは女性性という心である。男性は王子になる方法を考えるのに忙しく、結婚式までは考えない。王子になりさえすれば、結婚式などどうでもいいのだろう。

しかし、女性はセレモニーがなければ、台所にいるシンデレラのようなものである。王子の横に並んで結婚式を挙げ、「お姫様だっこ」をされてこそシンデレラなのである。

抽象が具体に変わる時

結婚は結婚式のさらに前にもある。「理想の結婚」というテーマなのに、「理想のプロポーズ」から懇切丁寧に書いてきた学生がいる。

信用金庫の女性職員の横領事件というのが最近は少なくなったような気がするが、ホストクラブができたせいかもしれない。大金を横領する女性には男性がいる。結婚詐欺師が女性に横領させるのである。

男性は結婚を匂わせながら最初は松阪牛のステーキをデートで食べさせてくれる（昔はステーキが一番高級だった）。しかし、２回目のデートからはラーメンになり、３回目も

4回目もラーメンだったというような、横領事件の容疑者の食べ物に関する怨みがましい供述によって、男性の正体が暴露されていく。

「本当にこの男性と結婚していいのか?」と女性側が不信を募らせていくのは、横領女だけではない。デートでご馳走される食べ物は、自分という抽象が具体に置き換えられたものである。

自分はラーメン程度の女なのか。

プロポーズは彼が自分のためにどれだけサプライズを考えてくれたかを享受する一種の演劇と化している。既に、誕生日やクリスマスで経験済みのことである。

女性は、金持ちの男性と結婚したいのではない。金持ちで、ケチでない男性と結婚したいのである。

「資本蓄積制」の下で金満家になった男性の中には、「どうして金持ちの僕に嫁が来ないのだ」と怒りを抱えている男性がいる。

「それはお前がケチだからなんだよ」と、家族が教えてやることができないのは、家族ぐるみでケチだからである。ケチだから蓄財できた。しゃれた消費の仕方が分からないので、幅2間《けん》の引き戸の玄関はあっても、他人を家族の中に招き入れるドアがない。

冒頭で紹介した、医師で弁護士で弁理士の女性は、腐るほどお金があるからといって自分が男性にお金を使うつもりはない。理想の結婚相手は、デートの日に彼女を見た瞬間、「ダメじゃないか！　その服にこんな靴を履くなんて」と、襟首をつかんでシューズ・ショップに彼女を引きずって行き、「あの靴だ！」と指をさして靴を選び、もちろん自分のお金で買ってくれる人なのだという。「靴フェチ・フェチ」である。

愛情とは、相手のために百万の言葉ではなく、５万のお金を使うことである。「ロストジェネレーション」を除けば、そういうピン・ポイントな消費の才能のある男性が結婚できる。金払いのよさと「テイスト」（眼識）は「結婚の才能」の中に確実に含まれている。

男性は職業を持った上で、「プロポーズ企画能力」を持ち、「消費の品格」を備えていなければ、結婚はできない。クリスマスは彼氏とお泊まりし、プレゼントされる日だと「アンアン」が女性に教えたのは、１９８３年である。贅沢は素敵だ。一旦知った以上、忘却することはできない。そこに、少子化と格差社会である。

プロポーズの前には「理想の出会い」がある。「合コン」では出会いたくない。「東大」のサークルで、「偶然」会いたい。女子学生はそう考える。

「理想の結婚」を聞くと、出会いからして「妄想」が入っている。「理想」－「予想」＝「妄想」である。妄想さえしていれば、自己は常に理想の中にいられる。

しかし、出会い→つきあい→家族への紹介→プロポーズ→結婚式→新居の選択。そのすべてに男性は「合格」していかなければならない。進化における「性淘汰」の仕組みは、委曲をつくして説明しても、これで完璧というものはない。

結婚式のハードル

私は物事を大袈裟に言っているのではない。

結婚相手を家族に紹介すると、子どもの相手としてふさわしいかどうかを決定するのは、女性側はママであり、男性側は祖母であることが多い。

女性の「妄想」を実現させてくれる力を彼の祖母が持っているからである。「恋愛の才能」がいくらあっても、それと「結婚の才能」は別物である。子どもでも同様であろう。配偶者を亡くした親が、老後に自由恋愛している間は黙っているが、結婚すると言い出した途端、子どもたちは一斉に反対する。

男性に恋愛の才能や品格があっても、結婚のハードルが越えられないケースがある。

世の中にはいまやいろいろなアルバイトがある。

ホテルの結婚式のフェアで花嫁役のバイトをしている学生がいる。

何度、神父様の前で「はい、誓います」と言ったことか。おかげで神父様の誓約の言葉も暗記してしまった。

「あなたは、健やかなときも、そうでないときも、この人を愛し、敬い、慰め、助け、その命の限り固く節操を守ることを誓いますか?」

新郎役がはじめて会う人だったりあまり親しくない人であっても、ウェディングキスのふりをしたり、手を繋いだりしなくてはいけないが、人見知りではないので苦にはならない。いつも笑顔を忘れないようにしているという。

新婦役のバイトは不定期なので、その他に、レストランの接客や塾のまる付けのバイトもしている。

しかし、模擬挙式や模擬披露宴、ショーなどをして、数々のホテルで、たくさんのウェディングドレスやカラードレスを着ているうちに、自分の本当の結婚式の時に、初々しさがなくなるのではないかと想像すると怖い。そして、新郎が誰であれ、自分の結婚式を妄想してしまう。ホテルはどこで、どんな衣裳を着て、披露宴はどうするかは頭の中で練りに練られてしまった。

お台場にある某ホテルである。一日に15組も式を挙げるくらいの大人気のホテルである。海の見えるチャペルでは、窓には最初は白いスクリーンが降りているのだが、花嫁が入場する時にスクリーンが上がっていき、レインボーブリッジ、お台場の自由の女神、東京タワーが一望できる。特に夜景は最高である。バージンロードのガラスの下には水が流れていて、ライトアップされる。バイト仲間の一人は、感動して泣いたほどだ。だから、絶対にここにすると決めている。

結婚式に関して目が肥えてしまった結果、自分の結婚費用がものすごく高くつくことは分かっている。が、ホテルの支配人さんと仲良くなって名刺も貰い、自分の時は安くしてあげると言ってもらっている。でも、支配人さんは孫もいる年齢だ。いつまで支配人でいてくれるのだろう。大急ぎで自分磨きをしなければならない。

「シンデレラ婚」つまり「派手婚」を望む学生には、結婚がしたいのか、派手なセレモニーがしたいのか、当の本人にも分からないところがある。多分後者なのだと思う。「私が25歳までに結婚したいのは、25歳を過ぎるとウェディングドレスが似合わないからです」と言う学生は大勢いる。「お姫様だっこ」もあるから、太ることは絶対にできない。

2007年、「インド・ヴォーグ」(VOGUE)が創刊された。マハラジャが、「吉兆」の料理を食していた。

セレモニーと日本人の技術と企画力が結婚すれば、アジアの結婚は画一化するだろう。アジアを市場にした結婚産業は、成長産業である。

結婚式という「妄想」を支えているのは、花婿の祖母である。結婚は両性の合意によってのみ行われるというのは、嘘なのである。結婚は「家」と「家」とがするもので、「妄想」を通して、大きな「家」と交換される欲望をアイロニーで語る女性と本気で語る女性、その二極分化が起こっている。もちろん「結婚の才能」は、欲望を本気で語る側に賦与されている。アイロニー派が結婚するにはよほどの戦略と妥協が要るだろう。

恋愛と結婚の間

団塊の世代より下では、「結婚相手とどこで出会ったか」と聞かれると、「学校」か「職場」と答える人が、日本では一番多い。

国会議員が国会議員と結婚するのも、芸能人が芸能人と結婚するのも、言ってみれば職場結婚である。

戦後民主主義は、国民に学校と職場を提供することによって、「恋愛結婚」を普及させてきた。民主主義と恋愛結婚の幸福な結合である。人は日常生活の中で一番長く時間を過ごす人と恋愛をしてきたということである。

しかし、「新婚時代をまったく覚えていない」と言った中年の男性がいる。催眠術が解けると、催眠状態の自分を意識することができない。

恋愛結婚では何よりも最初に「恋愛」という催眠にかからなければならない。昔の人（中年）は、催眠術にかかると、あなたはこの人と結婚するという暗示を受けたのである。しかし、催眠状態で披露宴の席の配置を決めることはできない。そのことに、今の人は気づいている。

自分の生活圏に相手を迎え入れ、家族が絡まってきて、互いにエゴの摺り合わせをしなければ、結婚はできない。そして、一人でいること、つまり最高の相手と恋愛する妄想の自由は、そこで捨てなければならない。

結婚とは、基本的には相手と一緒に暮らすことである。「恋愛は一瞬、結婚は一生」であるから、それができるかどうかを胸に手を当てて考える。

今の大学生は、親の背中を見て育っているので、何が人間を結合させるかを知っている。人間性の悪についても、親の世代よりも深く知っている。

「おひとり様の老後も大変ですが、おふたり様の老後も苦しいものです」という年賀状があった。

高齢の専業主婦の自殺が増加している。ひたすら家族に尽くして生きてきた。子どもがいなくなった家に夫婦だけが残される。自分の人生はなんだったのかという絶望感は心と身体の病気も招く。

ニューヨークの主婦

ニューヨークでは主婦は夫のシャツのボタンもつけないと、村上龍の本に書いてあったのを読んだことがある。それなら誰がボタンをつけているのでしょうかと質問すると、「靴の修理をする店でするのです」と、帰国子女の学生が教えてくれた。

ニューヨークの専業主婦はボタンつけではなくボランティアをしている。

一回ニューヨークに転勤すると、妻は日本に帰りたくなくなり、夫だけが日本に帰って妻子はそのままニューヨークで生活する家族が増えているという。家事のアウトソーシング化が進むと、そういうことも起こりうるだろう。

女子学生がオーストラリアに短期留学し、庭でバーベキューをしてくれたホストファミリーのお父さんに憧れ、青い目の男性と結婚したがるのは、日本の社会があまりに変わらないからである。

が、夫の「日本への単身赴任」が増加するということは、結婚という形式だけ踏んでいれば、内実はなくてもよいということであり、夫はそれで別に離婚はしない。

単身で日本に帰ってきた夫や、所謂《いわゆる》「卒婚」された夫は、母親が健在だと、母親と暮らしている。親からすれば嫁と別居している息子と水入らずで暮らすのはいやなことではない。子どもにしても、一旦結婚をして、子どももでき、30年も経てば、もう妻など要らないのである。法律上の妻は要るが、妻の家事への意志は、母親のそれには及ばない。母親はシャツのボタンもつけてくれるし、お客が来たからといってバーベキューをしてくれとも言わない。

パーティに夫婦で行かねばならないという圧力は欧米のものであり、日本では昼はもちろんだが、夜も夫婦は、ともに別行動をしていたい。日本人男性が「結婚してよかったこと」というアンケートの1位に挙げるのは「子どもを持てたこと」である（「SPA!」）。戸籍上は配偶者と子どもがいて、仕事があり、家には母親という家事遂行者がいて、外には恋人がいる。中年の男性には、いや40代以上の女性にも、「結婚後」の理想の人生である。

親の結婚が機能不全に陥っている場合、そのことを子どもはみんな知っている。親の結婚と離婚と再婚を通して、結婚の幸不幸を間近に見てきた大学生の結婚意識は、大人よりもずっと成熟している。

「恋愛＝結婚」という図式通りに生きるのは地方のニートだけであり、東京の大学生は「できちゃった婚」を無計画な人生と見なしている。
「恋愛と結婚では、どちらが自由にできますか？」
そう質問すると、大学生は男女とも3つの意見に分かれる。
まず、「結婚の方が自由」という意見。
「恋愛は突然降ってくるので、選択の自由はありません。自由があるのは、別れるか否かを決める時と、結婚するか否かを決める時だけです」（男子）
「ドキドキ感が恋愛であり、色気のある男子はやっぱりモテるし、こっちも『カリソメの恋』と割り切っているので、短く、激しく、優越感と不安で心身が疲労困憊してしまう。その点、結婚はドキドキ感のない素朴系の相手になる」（女子）
次に、「恋愛の方が自由」という意見。
「恋愛なら、多少疲れる相手でも、会っている時が楽しければよいという感じ。もしかしたら、アクセサリーみたいに考えているのかも。他人の評価も無意識に加味しているかもしれない。でも、結婚は嫌なところも晒《さら》さなきゃならないから、自分にも相手にも寛容が必要で、恋愛のようにはいかないと思います」（男子）
「結婚相手は、人生を共にする戦友。結婚は恋愛よりよほど厳しい選択」（女子）

「結婚している夫婦は、恋愛してはいない。イベントがなくとも、長く一緒にいられることを優先するので、生活に満足するためには経済力や社会的地位が必要となり、自由などありません」（女子）

「結婚は、一番気の合う友だちとするもの」（男子）

「恋愛は終わる。結婚は終わらない。どちらが自由でないか、明らかではないですか？」（女子）

「結婚は事業です。共同経営者として相手を選びます。リスクが大きくて、恋愛のようなゲームでは済まないですから」（男子）

そして、「恋愛も結婚も自由ではない」という意見。

「恋愛した人と結婚したい。どちらも同じくらい本気でいたいと思うから。でも、そう考える限り理想は高くなり、恋愛すらできません」（女子）

「結婚＝ぬかみそ臭い、汚い部分を共有するというイメージがあり、そういうものにまみれても一緒にいたいと思うと、恋愛にぬかみそ臭さを持ち込むことになり、恋愛した人と結婚することは不可能になります。何のために恋愛するのか分かりません。妄想のしすぎでも私は別に困りません」（女子）

「結婚はおろか、彼女いない歴20年です。中・高とずっと男子校で、しかも寮だったので、

制服とジャージしか着てきませんでした。私服を自分で選べないので、万に一つ恋愛できてもデートに行けません」（男子）

偽装恋人

結婚の才能は、恋愛の才能とは対照的なものである。

恋愛とは相手に不安を与え、相手を奴隷にし、落としてしまえば、また次の獲物を狙うハンターになる「狩猟民族」になることである。

結婚とは相手に安心を与え、二人で種を蒔き、水をやり、収穫するという「農耕民族」になることである。

現在、妻が「卒婚」と称して続々と別居していっているのは、旧来の結婚役割を生涯続けることが不可能になってきているからである。それに結婚生活の寿命がここまで延びるとは、誰も思わなかったのだろう。

にもかかわらず、女性誌の「恋愛特集」は、「恋愛＝結婚」という図式をまだ謳い続けている。「恋人になれば結婚ができる」と書いてあるからである。そのこと自体が現実と乖離している。

優秀な男子学生は、「男を立てる」「おねだり上手」な女と、これからは結婚などしないのである。

男性は女性と友情を結べる、自分と対等、もしくはそれ以上の女性をパートナーとして選ぶ時代に入っている。自分の彼女の「意識の量」の大きさに感動し、人間関係能力が高いことに感心している。

「自分たちには将来、年金がない」ことを早くから知っていた大学生と、「年金制度の破綻は許せない」と怒っている大人とでは、社会に対する甘え方が違うのである。

女性誌は、結婚に至るため「偽装恋人」になる「自分磨き」をせよと言うが、そういう「自分磨き」をしていくと、やがて来る「おふたり様の老後」のつらさに潰されてしまうだろう。

女性誌が長年に亘って流布してきた女性像に女子学生が疑問を抱くのは、先輩の中で一番理想的な、男子からも女子からも信頼される、リーダーシップがあり、フレンドリーで、カッコよく、女性誌のモデルとは似ても似つかぬ本物の「モデル」を見ているからである。

日本が北欧型の国になるのか、アメリカ型の国になるのか、はたまたアジアの独自国になるのか、国民にはまだ将来のビジョンが提示されていないが、結婚について流される情報が旧来型の社会のそれであり、ためにする情報であることを大学生は知っている。

年金や恋愛に依存するほど甘くはないということなのだ。

新・結婚の条件

恋愛結婚という言葉は、もはや死語である。

その人と結婚したいという時に、たとえ周囲が反対しても結婚するというのは親に従順な子どもたちにはありえないことである。逆に、周囲が諸手を挙げて賛成すれば、却って結婚する気にはなれないと言う人もいる。何の障害もないところで、「恋愛」は成り立たないからである。周囲から祝福された時点で、何かは終わっている。

なのに、結婚するまで、「恋愛感情」らしきものは継続していなければならない。

結婚の才能とは、恋愛のドキドキ感なしに結婚をスタートさせ、しかも結婚生活を破綻させない程度に相手に満足感を与え続ける才能のことである。二人の間での安全保障条約の締結とその義務の遂行、それが結婚であるので、恋愛の「強い相互作用」とは違う「弱い相互作用」がスタートするということである。

したがって一番結婚が容易なのは、恋愛感情を持たない人である。恋愛はできないが、結婚ならできる。そういう人は、周囲から焚き付けられたり、推薦されたりすることに素直に従えば、結婚はできる。しかし、それでもなお、素直に従えないケースが殆どなので、交感神経と副交感神経が同時に興奮するような状態にいるようなものである。

恋愛の才能なら、女性誌を読めばいくらでも書いてあると思う人がいるだろうが、あそこに書いてあるのは「結婚相手をゲットする法」であって、早い話が、男性を騙す方法である。思い切り誘惑しておいて肘鉄をくわせるというのは、恋愛の、つまりコケットリーの才能である。こういうものは、現在、一定以上の年齢の人しか経験・体得しておらず、そういう人は女性誌を読まない。

女性誌は今も「選ばれる女」になることを教えている。

「あなたがいつも友だち止まりで、なかなか恋人になれない理由」は、「隙がない」「男友だちが多い」「趣味が深すぎる」「割り勘にする」。だから男は引くのですと女性誌には書いてある。

残念ながら、現実の方が先を行っている。優秀な男子学生は、そういう「友だち止まりの女」の方がベスト・パートナーであると考えることは前に述べた通りである。

もはや「割り勘」にし、「隙がなく」「ディープな趣味を持つ」「他の男友だちが多い」女性の方が好ましいのだ。

女は外に出しておく

21世紀に入って以来、日本は（日本だけではないが）、社会情勢が余りに大きく変わったので、男子が結婚相手に求める条件も変わった。

かつては「4K」と言われた「可愛い」「賢い」「家庭的」「軽い（体重が）」に、5つ目のKが加わった。「経済力」である。

多くの男子学生が思っているのは、結婚することは、人と身近にいて具体的な生活をすることであり、それが恋愛とは相反するものであるという認識である。具体的な経済生活の心配や収入源を夫だけに当然のように委ねる女性は好ましくない。

自分の会社がなくなった時に、代わりに働いて自分を養ってくれるような妻がいい。妻になる人にも「経済力」は必要である。

自分が仕事を辞めたくなった時、たとえば「群像新人賞」を目指して作家活動に入りたいと告げた時に、「辞めてもいいわよ。チャレンジしてみれば」と、背中を押してくれるような妻なら言うことはない。

だいたい、いつも家にいる妻ほど重いものはない。しかし、フルタイムで働くのではなく、昼間に数時間だけ働いてくれる妻がいい。それも近所にママチャリで行くようなパートではなく、スーツを着て電車に乗って出かける仕事がいい。

「女は、外に出しておかないと品質が劣化する」

そう東大生の男子が言ったという。

不特定多数の視線に晒されていないと、女はすぐに「現役感」を失ってしまう。

しかし、夜は食事を作って待っていてほしい。

実際、東大生の男子ほどマザコンな男子はいない。

もし自分が転勤になったら、妻についてきてほしい。単身赴任は嫌だ。それでなくとも妻という生き物は、夫が「パリに転勤」だと喜んでついていくが、「静岡に転勤」だとついてはこない生き物である。

夫の国内赴任先にもついてきてくれて、現地ですぐに仕事が見つかる職業に、薬剤師がある。必要な時には適度に働いてくれる。

妻には「自分の趣味に使うお金は自分で稼ぎたい」と思う真面目な人がいい。フェミニストの妻であるが、本物のフェミニストではない妻である。

この要求を受けると、女性にとっての結婚の才能とは、バリバリのキャリアは目指さず、夫の被扶養者に留まることをよしとする感性になる。家庭に男は二人要らない。

官僚とか新聞記者とか編集者とかではなく、大学の非常勤の語学教師とか学校カウンセラーとかがいい。妻に転勤がある仕事など論外である。妻は、自分一人では食べられないが、自分の物は自分のお金で購入できる程度の収入があり、いざという時には勤務時間を増やして、自身で収入のアップを見込める職業がいい。それが、柔軟性のある「経済力」である。

薬剤師や看護師よりも望ましいのは、「漫画家」か「TVドラマのシナリオ・ライター」だと言った男性がいた。家にいてできる仕事で、妻が一発当てれば夫は仕事を辞めることができる。

この場合、妻は自分の収入目当てに夫は自分と結婚しているのか、収入がなくとも自分と結婚を継続しているのか、判然としなくなる。

夫が漫画家の場合、妻が自分の収入を目当てに結婚しているのではないかとは考えないところがいかにも男性である。

男性の迷妄が深いところは、地位とか収入とかいう自分の社会的パワーが自分の核なのであり、「自分＝ポストとお金」と考えて忸怩《じくじ》たるところが全くないところである。男性が支配層にそう思わされていることは、既に「男性学」で明らかにされているのに、自分がそうだと気がつくことができない。気がついた途端、負け犬どころか、落伍者になる恐怖があるからである。

社会が成果制を採用しなくとも、男性にはジェンダーによって「裡《うち》なる成果主義」があるのである。

男性にとって世界への信頼を担保するために、「女性崇拝」があり、男性は女性全般に善なるものを投影する。しかし、最も善なる者とは、最も無知で無垢なる者であって、そういう女性は今や国土の周縁部分とバーチャルな世界にしか存在しない。

働きに行く布団

男性には、家庭の中で自分だけが稼ぐ人になることには、潜在的な怒りがある。なぜ、妻は「俺の金」でぬくぬくと生活しているのか、そのことに対する怒りがある。女性羨望と言ってもいいかもしれない。

しかし、形だけでも自分の疲れた身体を休ませてくれる「布団なるもの」を家の外に放り出すわけにはいかないので、「布団」は家に置いてある。ぬくぬくした物がないと、自分もぬくぬくできないからである。

現実には、ぬくぬくして軽やかで清潔で太陽の香りのする布団とは似ても似つかぬ、湿った黴臭い布団であっても、世の中には段ボールを布団にする人も、「蒲団」に顔を埋めて臭いをかぐだけの教師もいるのだから、妻が通販のニィキュッパの布団を買ってくれるだけでも御の字と言わなくてはならない。

少子化とか晩婚化が問題視されることには、既に結婚している人に、結婚できただけでも自分は幸福なのだと思わせる現状肯定の効果がある。

自分には「結婚の才能」があるのだ。結婚を先延ばしにしたり、結婚できなかったりする人がいる時代には、結婚していることが相対的な幸福の証となり、絶対的な幸福感がそこにあるか否かを吟味することへの抑制が働く。

トルストイですら結婚の幸福は得られなかった。トルストイはいろいろ考えすぎる人だからである。田山花袋にはもちろん、トルストイよりもマシな自分に褒美を与えてやりたい気持ちになる。

問題は、今や「布団」に稼いできてほしいのに、「布団」はベランダまでしか出ていかないことにある。

自分を包む母なるものに、若さと美貌を求めるだけでもわがままなのに、そこにさらに自分の扶養義務を半減してくれることまで求めるとなると、結婚の条件のハードルはさらに高くなってしまう。

外に出しておきたいのか、せいぜいベランダまでに行動範囲を制限したいのか、男性は先ず選択しなくてはならない。

女性は仕事に満足していてもいなくても、結婚から「何の心配もない幸せ」というものを与えられたいのだ。好きな期間だけなら専業主婦になりたいのである。それに退屈したら、社会に出たいのである。

女性は「ワーカホリックな布団」になることを要求されているが、「ワーカホリックな布団」というのは、もちろん形容矛盾である。

自らも働きながら、同時に「布団」になれというダブル・メッセージを生身の人間が引き受けることは不可能である。

「何の心配もない幸せ」を結婚に求めることは、女性のわがままだろうか？

あのシャネルも一時はそこに逃避していたではないか。

愛の三角理論

放っておくといつまで経っても子どもは結婚しないということに親たちが気づいたからだろうか、お見合いが増えている。

父親が子どもに「結婚する気はあるのか？」と訊き、「うん」という答えを聞いたなら、すぐに動き出さなくてはならない。

お見合い写真らしからぬ自然なスナップを撮るお見合い写真専門の写真館は、予約でいっぱいだからである。

子どもに質問するのは父親でなければならない。父は忙しいから母が、という根性の入っていないケースでは上手くいかないのは中学受験と同じである。

そして、世話好きには見えない世話好きの、お見合いのプロのアマチュアの女性に頼みに行く。

プロのアマチュアの女性は、アマチュア風のプロと言われるのを嫌がる。あくまでもアマチュアなのは、それが「ボランティア精神によるもの」だからである。「ご縁のもの」と翻訳する。

関東では何というのかは知らないが、関西では「釣書《つりがき》」というものを親が書く。魚を釣るためのものではなく、家が釣り合うか否かを知るためのものである。書いてある内容以前に、書いている形式で予選がある。正しくは毛筆で書く。決してボールペンで書くものではなく、万年筆なら辛うじてOKである。

最近のお見合い事情に、私はどちらかというとものすごく詳しい方だと思う。知り合いにプロのアマチュアの女性がいて、暇があると話を聞きに行っている。日本はつくづく階級社会であると思う。階級がないようで実はちゃんとある社会である。なまじの学歴や年収で太刀打ちできるようなものではない。

お見合いには目的がある。

お見合いではない場合、人は結婚相手とはほとんどセックスしないし、なかなか子どもも作らない。

子どものいない家族は家族ではないという人もいるから、結婚しても家族にならない結婚にもなんらかの実用があるはずである。それは結婚していることへの虚栄を除けば、単身生活を避けること以外に今のところ思い当たらないのである。

阪神・淡路大震災の時に、布団の上にタンスが倒れてきて亡くなったおじいさんがいた。私の家から100メートルしか離れていないマンションで、である。タンスが90度で倒れてきた。ベッドで寝ていれば、60度の角度で助かったかもしれないが、一人だと30度の隙間からいつまで経っても出られないこともある。

日本が地震国でなければ結婚しなくてもいいという話ではなく、地震が象徴するところの出来事に対応することは独力ではできないということである。

何もわざわざ結婚しなくても、ロビンソン・クルーソーとフライデーとか、ブッダとアーナンダでも、別にいいのである。

ブッダのように徳の高いわけでもない人がアーナンダを見つけることが難しいのに対して、「結婚相手を紹介してください」とは比較的容易に人に頼めるのである。

結婚の才能とは、単身生活から逃れるための才能である。誰か自分だけを愛してくれる人がいるとかいうような抽象的なものではない。愛のない結婚などいくらでもあるし、愛のある結婚から愛が消滅することはよくあることであり、それでも結婚を継続している人はやはりいくらでもいるからである。

そもそも、愛（love）とは何なのか？

7つの愛の型

エール大学のロバート・スターンバーグが「愛の三角理論」（1986年）という論文で、愛は3つの要素から成ることを指摘している。この人は心理学者である。

3つの要素とは、「親密さ」と「情熱」と「義務」である。

「親密さ」とは、好意によって心理的距離を縮めようとすることであり、友人との間にも生じる。

「情熱」とは、ほとんど性的なもので、非合理で衝動的な欲求である。痴漢も持っている。

「義務」とは、誠意を以て履行される行為及びそうする決心である。社会的・宗教的な規範によって生じる。

「完全な愛」はこの3つが揃った時に成立するが、1つだけとか2つだけとかの場合も含めると合計7つの愛の型が導き出せる。

「親密さ」――好意
「情熱」――熱中
「義務」――空っぽの愛
「親密さ」と「情熱」――ロマンティックな愛
「親密さ」と「義務」――友愛
「情熱」と「義務」――妄想愛
「親密さ」と「情熱」と「義務」――完全な愛

だいたい「義務」だけから成るものが「愛」と言えるのかとか、「親密さ」を愛に含める必要はないというような批判はあるが、1つから2つ、2つから3つへと進化していくものとして「愛」を捉えるのではなく、逆に3つから2つ、2つから1つへと要素が減少していく恋愛感情の変化として受け止めればよい。それは不可避なものではないだろうか。つまりは「結婚」の歴史そのものである。

たとえば「義務」という要素は、「親密さ」か「情熱」という土台なしには決して長続きするものではない。「情熱」が最初から微塵もない関係では、人は相手が肺炎を起こしそうな状態で臥せっていても平気で外出できるものである。

「情熱」は当初、執着と過度の理想化として現れる。

「親密さ」なしに「情熱」だけがあると相手が迷惑するが、「親密さ」を失っても「情熱」という執着があればこそ、傍から見ると終わった夫婦でも妻は夫を介護し、夫は妻の車椅子を押すのである。

昏《くら》い情熱というものを理解しない限り、夫婦という猥雑なものを理解することはできない。

「情熱」はほとんど性的なものであるとスターンバーグは定義したが、それを肉体に根を置くものと解すれば、母子もまた「情熱」によって結びついた関係である。

児童虐待に児童相談所が介入しても効を奏さないことが多いのは、親の子に対する「情熱」が、夫婦間の「情熱」に負けてしまったせいである。

お見合い界の法則

お見合いの世話をする人は何かというと「縁のこと」というが、改めて「縁とは何ですか?」と質問すると、「タイミングのことです」という答えが返ってきた。

お見合いの世話をするためには、何度も両家の間で連絡を取り次がねばならない。しかし、電話をした時にたまたま先方が5分だけ留守にしてタイミングを逸するというようなことがままあるらしい。そういうことは、「縁がない」予兆なのだそうで、決まるものはトントンと決まる。

「縁がない」とは、そういううまくいかない偶然を引き寄せてしまうことなのだが、引き寄せる力は偶然ではない。必然が偶然という形を借りて現れているという。

必然とは、親の本心である。

お見合い界における法則は、女の子は自分で自分を食べさせていけない限り、いつかは親の家を出て、自分を食べさせてくれる人の家に入らねばならないという前提から出発する。たとえ親の家にいても、親は子どもよりも先に死ぬ以上、親代わりに庇護してくれる人を見つけねばならない。庇護してもらわなくてもいいほどの経済力があっても、子どもはいた方がいい。たとえ子どもは要らなくとも、身元引受人になる家族は確保しなければならない。友だちは家族ではない。友情でご飯は食べられない。金銭は友情によっては移動しない。友情に「情熱」はないからである。

男の子の場合は、いつかは自分を食べさせてくれるという「食べさせる」という言葉が食事を提供してもらうことを直截に指し、料理が介護を指しているところが女の子と異なるだけで、以下同文である。

扶養することと食事を提供することのあからさまな交換を意図したものがお見合いである。媒介するのはエロスであるが、エロスはお見合いをする男性の場合、存在しないことになっている。

女の子も男の子も家族を作る手段として一番簡単なのは結婚することなのであり、結婚に際して親が大人として相手を審査してやれるお見合いは、恋愛よりもよほど合理的である。

お見合いがまとまるか否かの鍵を握っているのは母親である。

それは、ペットの交配の決定権を握っているのがペットの飼い主であるのと同じぐらい自明のことである。

結婚は将来の生活のためにするのだから、現在生活している場所は捨てられることになる。結婚によって捨てられる生活（食事を提供される場）を作っているのは、母親その人なのである。

お見合いの過程でタイミングを外すようなことは偶然起こるのではなく、母親の本心が図らずも漏洩したものであると解釈される。縁がないようにないように、母親の無意識が決めているからである。

電話のかかってくる時にたまたま留守にしていたということなどありえない。お見合い界にたまたまは存在しない。

合法的家出をするのは女性の方だから、息子の結婚より娘の結婚の方が親は何倍も寂しいそうである。

だいたいお見合いの席にも、女性側は男性側より早く着いていなければならない。お見合いはマナーの世界であるので、先ずは書道を嗜まない母親はそれだけでポイントが低くなる。

わが子がエロス（情熱）派かマナー（義務）派か、親はそういうことも予め見極めておかねばならない。

花の言葉

結婚は身体がするものである。

恋愛における身体と結婚における身体とでは求められるものが異なるのは、恋愛にはプラトニック・ラブというものがあっても、結婚の場合にはないことからも分かる。

「できちゃった婚」について、男性側の母親から小声で告げられたことがある。

「女性が子どもを産める身体だと分かるから、できちゃった婚の方が都合がいいこともあるのよ」

結婚前の妊娠をふしだらであるという因襲的な見方はせず、事前に妊娠テストにパスした嫁を迎える方が合理的だと考える親たちが台頭しているのである。そういえば、昔は女性が男性の家に嫁いで来ても、子どもが生まれてはじめて入籍することも珍しくはなかった。

男性側の親と家にとって、息子の結婚は孫（子孫）を産んでくれる女性の選別であった。男性の家にとっては、女性の妊孕性《にんよう》こそが結婚の最大の才能なのかもしれない。

結婚してから、「子どもはまだ？」「いつ孫の顔を見せてくれるの？」と姑が悪気なくであっても言うのは、不妊女性にとって一番つらい詮索である。不妊が外部から持ち込まれた「家の問題」であると考える姑は今も日本中に数多く存在する。だから、結婚しても子どもが生まれない場合、女性の方がまず病院に検査に行かされる。

そこで「不妊症」と診断された時、あまりのショックで病院から家に帰った経路を覚えていないという人がいた。

自分の身体にそういう「病気」があると告げられると、「結婚＝出産」という図式を自明のものとして内面化していた女性が受ける衝撃には図り知れないものがあるのだ。「不妊症」を自ら「中途障害者」と命名した女性がいた。

結婚するまで「不妊症」であることなど想像もしなかったので、自分が「完全な結婚」

のできない「障害」のある身体を持った事実をどう受け入れていけばいいのか分からなくなる。女性は、夫と結婚していたのではなく、夫によって作る「家族」という幻想と結婚していたのである。

もちろん、子どもがいなくても結婚は完全なものであると考える人はいる。そういう人にとっては、女性が原因の「女性不妊」であれ、男性が原因の「男性不妊」であれ、あるいは「原因不明」であれ、それを受け入れる素地はできている。「子どもができなければ、それはそれでいい」と考える人は、夫婦と親、特に夫の親との間に自ずと距離を設けていく。

「事実婚」というのは、そういう親の詮索から自由でいられる方策の一つである。しかし、その場合、結婚の単位はあくまで夫婦のみとなるので、そこに「事実婚」のパラドクスが生じる。結婚を制度としては批判しながら、夫婦間に恋愛の実質が存在することを確認しなければならない。「事実婚」は、最も「夫婦の一体感」に拘《こだわ》る夫婦なのである。

日本人女性のダブル・バインド

「事実婚」ではない「制度婚」の妻の場合、夫の親族と実家の親から「妊娠可能な身体」か否かのチェックを受けることは、精神的に大きな負担となっている。

「制度婚」は、「事実婚」と違って、出産を当然視していることが相対的に多いので、自分の中にすら自分を責める声があるからである。

が、「今はまだ二人でいることを楽しみたい」とか「仕事があるので、子どもはまだ先」と思っている間に、妊娠可能時期が過ぎてしまうことがある、と、今度は逆に、親に試験勉強をうるさく言われなかったために受験に失敗した浪人のような気になることがある。志望校には努力しなくても受かると思っていたのに、そうはならなかったのだ。

「自分はまだ若い、まだまだ子どもの産める時間はあるので別に急ぐ必要はない」と思っているうちに「44の声を聞いた時、がっくりと女性としての身体の衰えを感じましたね」と率直に答えた人がいた。

「若さと美貌」という生理的評価ではない「もう一つの身体時計」を40代になって知ったのだという。

自分は若いという自信と、若さを保たなくてはいけないという強迫とが、経済力や仕事への専念とは別の次元で子どもの親になるという決断を先延ばしにさせている。

「自分は若い」と女性が思うのは「女性偏差値」への自信であるから、モテる女性ほど、妻になり母になり主婦になることを回避することになる。

「子どもを産むと身体に妊娠線ができるのが耐えられない」と言う女性が都市部には大勢

いる。もっとも、母ではない女性の韜晦《とうかい》ほど秀逸なものはないから、格好の口実として「妊娠線」は利用されているだけではないかと質《ただ》したが、本気だということである。

「文化と貨幣を産むのは、子どもを産まない女性である」という説もある。

職業を持ちながら母でもあることの苦しみを女優たちに語らせたインタビュー映画「デブラ・ウィンガーを探して」（２００２年）の中で、アメリカ人女優ジェーン・フォンダが苦悩を顔に刻みながらインタビューに答えていたのに対し、偶然取材現場にやってきたイギリス人女優のカトリン・カートリッジは映画の趣旨を聞いて肩をすくめて笑った。

「恋をしてなきゃ、朝が来てもベッドから起きだすこともできやしない」

日本人の意識は、アメリカとヨーロッパの狭間にあるのである。母になれば、女性から降りなければならない。若い女性を過分に評価する日本人男性の意識によって、女性の人生設計が決められてしまう。

男性の望む「若さと美貌」という魔法の杖がある限り、多くの女性はその特権的経験を享受するのに時間を費やす。そしてその結果、周囲を見回せば、友人はみな結婚して子どもがいることに気づいて愕然としたという女性がいる。

「男とファッションはシーズン毎に取り替えるものだと思っていたのです」

鏡を見るだけではなく、身体時計の針の音も聴いていなければならなかったのだ。

「私は、いつも現在に夢中だったのです」

「大学が青山通りに面してあるのに、どうして去年のものを着ていけるでしょう」

女性差別の最大の原因は、女性が「美の表象」として消費される立場にいることである。「美」のために男性に消費をされるために絶え間なく消費せよと言われる日本人女性の葛藤は、先進国の中で恐らく最大になっていると思う。

10歳の直観

母は、娘の人生最大のモデルである。

しかし、自分もいつか母のような人生を生きるのだ、きちんと「制度婚」をするのだと信じている女子学生にとってすら、「母の生活」は100%肯定できるものではない。

母は、父のため、子どものために、女性としての消費を我慢している。女性として消費されることも断念している。母は毎日家にいて家事をしているだけの女性である。

「それは、私が小学4年のある日のことでした。本当に365日の中のただの1日、いつもと何の変わりもない平凡な1日だったのです」

そう書いてきた学生がいた。

学校から帰って「ただいま」と玄関に入ると、母は「おかえり」と言って出迎えてくれた、毎日、母はそうしている。玄関を入ったところの壁には棚があり、棚は4段に仕切られている。母の前を通って室内に入ろうとした時、その棚の一番上の段に、大きな花瓶があってそこに花が活けられているのが見えた。花の名前は知らない。花瓶から大きな美しい花弁が母の肩に触るように垂れ下がっていた。それをチラリと見ただけのことである。しかしその時、感じたのだという。

「ああ、母は元気だ。母は今、まだ若い」

母は35歳だった。自分が10歳で、あの時、本当に若い母がいた。しかし、それは一瞬のことだ。

「なぜか、私は子どもなのにそれが分かったのです」

自分が35歳になった時、母は60歳になり、私が「ただいま」と言って帰ってきても、この高い棚の大きな花瓶に花は活けられてはいないだろう。

その夜、娘は不安でなかなか寝付けなかった。家の中に母がいる安心の一方で、あの花を活けてくれる元気な母は今しかいないということが、とてつもなく恐ろしい気がしたのである。

自分が35歳になる時には、10歳の娘がいなくてはならない。母は25歳で私を産んだ。ということは、自分は24歳までに結婚していなければならない。

その日から、彼女の「逆算の人生」が始まった。結婚がしたいというわけではない。元気な母の姿を自分が再現しなければ、母はいつか歳をとって、やがて本当にいなくなってしまうだろう。

24歳で結婚するためにしなければならないことをしよう。自分は結婚して、たった1日、自分の若さを娘にだけは分かってもらえる母になろう。

「私が探しているのは結婚相手ではありません。若くて元気だった母の姿なのです」

「母は、母の器の中に生きてきて、その最高の表現が玄関の花だったのです。その人生を私は否定することができません。私は、母のたった一人の娘です。母の面倒は私が看てあげたいのです」

人がなぜ結婚するのか、その真の理由は本人にしか分からない。特に女性にとってはその理由は複雑微妙で、本人にも分からないことがある。本当の理由はこのような恐怖から生じることもしばしばあるのだと思う。

「長女は、母の母である」という言葉が、フェミニズムにはある。

母は、長女の中に「あなただけは私を分かって」という期待をする。実際、長女は母の人生の意味を肯定し、無意味を補塡するように無意識に生きはじめる。

母は娘にとって最大のモデルであるだけではない。母の自己犠牲に満ちた生活を、生物として元気な女の時間を、娘は子どもとして消費してきた。その負い目がある。

女性がキャリアを重視し、競争に勝とうとするのは、その父の鼓舞による。が、結婚に回帰しようとするか否かを決めるのは、その母である。

「もし仕事を持てば、仕事も家庭も中途半端になるでしょう。私は、母のような専業主婦になりたいのです」

日本の中心で愛を叫ぶ

人間は感情の生き物である。

しかし、すべての人が同じ数だけ感情を持ち合わせているわけではない。

言葉が関係するのかもしれない。

名前のつかない感情は存在しないに等しい。言葉を知らなければ、自分の中にある感情は感情として立ち上がってはこない。そういう場合は、何らかの行動、自分でも欲求の分からない行動が出現する。それを嗜癖《しへき》という。

嗜癖とは自分の中の抑圧された感情の代わりに現れる行動で、そのことが本人にとってよろしくないのは、本人がその感情の中心にいないで、都合の悪いことから逃げているからである。状況は何も変わらない。他人の方がよほど正確にその人の感情を把握していることがある。

その人の、落ち着かない、しかし決して苦痛そうではない緊張状態に「それは、あなたが今、恋しているからですよ」と教えてあげそうになって、何度口をつぐんだことだろう。だからといって、言葉を知ると感情が豊かになるかというと必ずしもそうではない。だから、ややこしいのである。

恋は、もちろん感情であろう。が、「自分は一度も恋をしたことがない」と言う人と、「自分は今まで恋ばかりしてきた」と言う人の「恋」が同じ内容であるとは限らない。ちょうど、自分が見ている「赤」という色と、社会で「赤」と決めている色とが同じかどうかが分からないように。

「恋」の定義が異なる人同士が「恋」をすると、面倒なことが起こる。

恋人同士は週に1回ぐらい会うものだと思っている人と、恋することは1日に数十回連絡を取り合い、毎日会うことだと思っている人とでは、恋愛ができない。そよ風を台風だと思って避難する人と、暴風の中にいなければ生きた心地がしない人のようなものである。

それは、濃度の差ではなく、定義の差である。気質の違いと価値観の違いである。そういう意味では、結婚というものは、恋よりもはるかに容易である。二人がすることが決まっているからである。

結婚は「両性の合意」があればできるという憲法は、日本が戦争に負けたためにできたのだが、何も親が決めた相手といやいや結婚していった日本の女性たちにアメリカ人が同情して決めたことではない。

結婚を強制する日本の親が悪いのではなく、好きでもない相手と結婚すること自体が悪い、そういう結婚は神聖な結婚の冒瀆である、と戦勝国であるアメリカは考えたのかもしれないとも思う。

「両性の合意」とは「愛し合った者同士の情熱」が何よりも優先されるべきという価値観を指しているのだろう。

アメリカ人の祖先たちがイギリスから船に乗ってやってきたのは宗教上の迫害を逃れるためだったのだから、新天地アメリカでは、「宗教」の占めるべき位置を「宗教」に代わって「恋愛」が占めるしかなかった、それ以外に情熱的なものなどなかったからであると指摘したのはエーリッヒ・フロムである。

アメリカ人の結婚

アメリカ人の「恋愛」と、フランス人の「恋愛」は違う。

アメリカ人を馬鹿にしているフランス人は（というか馬鹿にしているらしい、フランス人は）言うそうである。

アメリカ人の老夫婦がTシャツに短パン姿でプールサイドにデッキ・チェアを並べ、ハンバーガーを食べている写真を示して、「この夫婦が恋をしていると思うか？　このジャック＆ベティが」と。

ハリウッド映画は夫婦愛や家族愛で終わる宗教映画であり、その夫婦のあり方には陰翳《いんえい》というものがない。

かつてのフェリーニの「甘い生活」にアメリカ人のモデルを見て「大きなお人形だね」と悪口を言う台詞があった。その台詞しか覚えていないのは、私がそれに共感したからであろう。

陰翳を礼賛する日本人なら、アメリカではなく、フランスやイタリア的な「恋」の感情の方がよほど美意識に適うのである。

しかも、アメリカ人は「不倫」に大騒ぎをする。クリントン（の夫の方）も、そうだった。

陽気な割に夫婦愛は絶対のもので、裏切りに非寛容なのは、結婚が宗教の代わりだからである。離婚の慰謝料を吊り上げているのもアメリカである。

お金がないと離婚もできない。お金がないと結婚もできないのとではどちらが苦痛だろう。

ヨーロッパにはまだ寛容がある。夫婦愛がなければ生きる資格はないなどとは言わない。と、思っていたら、ノルウェーに留学していた人が、「ノルウェーだって、家族でないと生きていけないんですよ」と言う。

仕事よりも家族を重視するため、仕事をサッサと済ますといそいそと家に帰る。それはいい。問題はクリスマスである。

クリスマスの夜に、ノルウェーでは家族のいない人の自殺が多いのだという。

「ノルウェーの人口は？」

「470万」

mixiより少ない。

しかし、一つの国なのである。

そこでは、国民はお互いにみな知り合いのようなものであり、だからこそ結婚していないと孤独なのだそうである。

結婚する動機の中に、日本でも「みんながするから」というものがある。しかし逆に「みんながしていないから」自分もしないということもあるだろう。「みんなが給食費を払っていないから、私も」とか。

「高校の同窓会に行ったら、みんなが結婚していなかった」という女性がいて、42歳である。みんなというのは全員ではない。過半数のことである。

42歳で女子の過半数が結婚していない高校は、偏差値の高い高校である。東京にある。偏差値が高くなると女性が結婚を遅らせるのは、シンガポールでも同じである。パリでも同じである。

女性の序列

女性にはそのライフ・コースによって序列が決められていると女子学生は言う。一番低いものから並べてみる。

①地方に住み、高校中退して、でき婚をする

②地方に住み、地元の専門学校か大学に行き、地元の人と結婚をして、共働きをする

③東京の大学を出て、対等婚をして、働き続けるか専業主婦になるかを、子どもができ

た時に決める

④東京の大学を出て、上昇婚をして仕事を辞め好きなことを仕事にして、好きな場所（海外とか）に暮らす

生地・学歴・相手の地位・仕事の選択と、4種類のフィルターがあるが、最も恐るべきものは、「高校中退・できちゃった婚」という人生である。何もクリアしていない。

女性の地位は、つきあう相手のクルマの車体の高さと比例しているのである。

地方というのは、もはや若い人に捨てられている。仕事がないのだ。第一次産業の政策の失敗である。地方で安定就職するなら、教員か電力会社しかない。

女子は「でき婚」をして離婚して実家に帰り、バイトの掛け持ちをすれば平均月収一〇万円だが、シングルマザーとして東京に出れば、キャバ嬢になって月三〇万円は稼げる。

彼女らの夢が、結婚して専業主婦になることであるのは当然である。

時代は平成だが、明治や大正と何ら変わってはいない。

地方で、専門学校や大学を出て、地元の人と結婚しても、地方の会社の給料は安く、共働きを続けるうちに、子どもには東京の大学に行かせたいという願望が生じる。

地方の高校が結構東京の私立大学の指定校になっているのは、大学にすれば、地方の純朴な学生は堅実なお客様だからである。

かくして①と②の層でも「中心志向」が進行している。

結婚前まで内幸町（うちさいわいちょう、と読む。勤務先としては都心中の都心）のOLだったのに、結婚したら夫が仙台に転勤になり、そこで暮らしている主婦がいる。「毎日、泣いている」そうである。早く東京に帰りたい。こんなはずではなかった。内幸町と比べれば、街の景色は貧しすぎる。つまりは自分が惨めに思えるのだ。

そういう「中心志向」もあるので、③も該当する。

④は、もとより海外を除けば、東京にしか暮らせない。身体と頭脳が「中心仕様」になっているからである。

世界の中心はどこなのかは知らないが、日本の中心は東京である。

地方の農家の嫁不足のために、村をあげて「お見合いツアー」とか「体験農業」とかをやっているところがある。しかし、嫁の来ない家にも、半数は娘がいるはずである。娘が都会のサラリーマンと暮らし、農家に嫁いでいないなら、そこの親が息子に嫁を求める権利はないと思う。

自分の娘は都会に逃がしておいて、自分の息子には他人様の娘を欲しいというのは、「中心志向」の悪用である。自分が娘に望むものは、他人も娘に望んでいると想像しなければならない。

人間は感情の生き物だが、「中心」にいると高揚し、「周縁」にいると抑鬱になる。「周縁」というのは田舎のことであり、そういうことは男性ではなく女性のほうが早くから自覚している。ああ、こんな土地を早く出て東京に行き、自由に生きたいと、今現在でも日本中でどれほど多くの女の子が夢見ているだろう。

彼女たちは自分の感情を意識している。

女性は子どもの頃から、大人になれば「いつか家を出ていくもの」と知らされている。それは「女らしくしなさい」というメッセージと反対のものにもなりうるのである。男子は家にいて、女性はその家から出る。移動することを運命づけられる女性は、子どもの頃から土地の序列に敏感になり、大きくなったらどこに住みたいかを想像する。

結婚はその夢の代理的な実現である。夢とまったく一致しない結婚なら、確かにする意味はない。それでも、ずっと一人で生きることは耐えられない。この引き裂かれ感を、とりわけ女性は意識しないではいられない。

結婚がタクシーで来るとき

「いい人がいたら、結婚したい」というのと、「結婚したいから、誰か紹介してくださ い」というのとでは、その切実感において天と地ほどの差があるものである。

「いい仕事があったら、就職したい」というのと、「就職したいから、仕事を紹介してください」というのと同じである。

就職においてなら人は「選ばない」という表現を臆せずすることができるのに、結婚なら「選ばない」という覚悟は容易に身につくものではない。「結婚したいから、どんな人でもいいから紹介してほしい」とは誰も言わない。どんな人でもいいなら、紹介は要らないはずである。

「自分は別に結婚否定論者ではない。ただ、誰でもいいというわけではない」というのが、大方の意見であろう。

もっとも、「贅沢は言わない」と言う人はいる。

ただ、その贅沢ではない範囲が、結果的にはものすごく「高い理想」になっていることがしばしばあるのである。

厄介なのは、それが当の本人だけではなく、紹介の依頼を受けた人にとっても無視できないような合理性を備えていることにある。

「結婚したい。贅沢な条件は言わないから。生物学的に男性なら、誰でもいいから」と、紹介を頼まれたことがある。40歳になったばかりの女性である。仕事ぶりは優秀で、家事も万全にできる。性格も文句のつけようがない。

贅沢な条件

「絶対に、男性なら誰でもいいんだよね？」と、念を押す。

「いや、一応、北海道や鹿児島に住んでいる人を紹介されても困る。東京から会いに行くのに毎回飛行機で行くのは経済的にも大変だし」

「それもそうだよね」

先ず「関東地方在住」という限定がついた。その時点で、条件に適う人は、人口から言えば、半分以上が消えてしまうことになる。

「身長は問わない？」

「いや、一応、私が見下ろすのは、困る。１７０はあってほしい」

１７０センチ以上で、これまた何割かは消えてしまう。

「年齢は？」

「私と、５歳ぐらい離れているぐらいがいいかな」

「ということは、40代半ばか30代後半」

「うん」

「体重は？」

「90キロならいい。１２０キロは困る」

「顔は？」

「愛嬌があれば、拘らない」

「学歴は？」

「一応、聞いたことのある名前の大学なら。あ、でも、常識のある人なら、大学には拘らない」

「常識のある大卒の人で、関東地方に住んでいて、デブではない、栃木県のいちご農家の人でもいい、と」

「いきなりいちごを栽培しろと要求されても……。第一次産業には今から入っていけないし。仕事も辞められない。一応、サラリーマンがいい」

「サラリーマンなら、ハゲでもいい？」

「ハゲはちょっと。薄毛ならいい」

「埼玉県の端っこでも千葉県の海沿いでも、薄毛のサラリーマンならいい。農家は困る、と」

「いや、アクアラインで出勤するのは困る。東京23区内かその近辺なら、商家でもいい。いきなり蕎麦の出前に行けと言われないようならいい」

「出前のない商家なら、駅前商店街の布団屋でもいい」

「いや、一応、イオンの進出していない、シャッター通りでない商家ならいい」

「さびれていない駅前の商店街なら、店の2階に寝たきりの親がいてもいい、と」

「いや、一応、親には別の家に住んでいてほしい」

「収入は？」

「一応、そこそこあればいい。私の収入を当てにされるのは困る」

「家事は？」

「まったくしないというのは、ちょっと。一応、最低限のことは自分でできる人がいい」

「バツイチでもいい？」

「バツイチの方がいい。ただし、子どものいない人がいい。あと、前の奥さんと死別した人は困る。生別でもＤＶは絶対にイヤ」

「趣味は？」

「ギャンブルは困る」

「煙草は？」

「吸わない人がいい。ああ、でも外で隠れて吸うのはかまわない」

「お酒は？」

「アル中でなければいい」

「話は？」

「まったく喋らない人は困る。コミュニケーション能力は普通にある人がいい」

「新聞は？」

「無購読層でなければいい」

「ネットでニュースは読めるよ」

「一応、子どもの頃から家で新聞は取っていた人がいいという意味」

あなたは本気ではない

彼女の言う条件の一つ一つについては、私も納得できないわけではない。しかし、条件を一つ出すたびに、色紙を半分に切っていくことになる。2分の1から4分の1、4分の1から8分の1と、どんどん色紙を切っていくうちに、最後はピンセットでつまねば取れない金箔の小片になってしまう。

贅沢は言わないというが、無条件に結婚することは不可能なのである。


「ねえ、今、何分の1になった?」

「覚えてない」

「確率論的にはいないことになるよ、そういう人」

「そうかなあ。読書好きの実直な地方公務員の人とか、いない?」

「東京23区近辺に? 確率からいうといないことになる。独立行政法人なんとか機構の研究員とかだったら、セックスレスでもいい?」

「絶対に、子どもは作れないと困る。そこは譲れない。何のために結婚するのか分からないでしょ」

女性が結婚する最大の理由は子どもを産むことにある。

しかし、条件に適う相手が奇跡のように存在したとして、先方にも条件があるだろう。40代の男性は、20代後半とか30代前半の女性を希望する。女性が40代なら、男性は50代後半とかまで、条件を下げなければならない。

「私、老後の世話をするために結婚するんじゃないよ」

「そりゃそうだ」

「もし50代だとしたら、子どもが成人する時には、父親が70代でしょう」

「幼稚園の運動会のパパの競技に、なぜおじいさんが出ているのかと言われるよね」

この場合、彼女の条件が贅沢であると批判することが、私にはできない。一つ一つは普通でも、全部合わせると普通ではないという不思議なことが世の中にはあるのである。

彼女の部屋は「美しい部屋」のグラビアのように美しいし、料理の腕はプロ級である。結婚生活を送る能力や技量はすべて揃っているのに、たった一つ、本気で結婚したいという気持ちだけが起こらない。

「結婚したいというのは、本気じゃないでしょう?」

世の中には、結婚制度を自明視して何の疑いもなく結婚していく人がいる。そういう人は、条件のうちの何かを最初から諦めている。諦めているから、現実の結婚ができるのである。

本気で結婚したければ、妥協すればいいのである。

条件を云々している間は、結婚はできない。

そう思う根拠になるような出来事があった。

以前から、40代前半のある男性から「結婚したいんですが、誰か紹介していただけませんか？」と言われていた。

私の教え子の高校時代の同級生が東京に遊びに来た時である。30代後半の彼女も「結婚がしたい。子どもがほしい」と前から訴えていた。「そうだ、あの彼がいる」と、携帯に連絡してみたのだった。

「今、外苑東通りにいます。すぐにタクシーで行きます」

10分後に彼は店に到着し、同級生の二人の女性が並んで座っている向かいの席に腰を掛けた。いつものように髪には寝癖がついている。

「はじめまして」と、二人の女性が彼と挨拶を交わした。

目の前にいる同い年の二人のどちらが自分に紹介された相手なのか、その時点で彼はまだ知らないはずである。

が、彼は正しい方の相手を真っ直ぐに見て、自分の仕事内容と給与、そして住所、実家のある場所、家族構成、大学での専攻などをすらすらと話し始めた。

相手が結婚に対して本気なのかどうか、人間にはすぐに分かるものである。目の前に二人の女性がいるが、一人は自分に向かって心を開いている。真剣さが伝わってくる。そんなことは、互いに瞬時に分かることなのだ。

「釣書」の内容に必要なことを適確に話す彼は、普段は雄弁な人でも流暢な人でもなく、むしろ控え目で訥々《とつとつ》としたどちらかというと不器用な人である。

彼女もまた家族のことや生い立ちを語った。

それは、相手を自分の配偶者として選ぶという前提のもとである。自分を包み隠すことのない率直さのために、友好的で温かい雰囲気の中で、結婚は30分以内に決まった。

恋愛ではなく、結婚というのはこういう風にも成立するものなのだ。結婚を本気で必要とするなら、人はこのように結婚をしていく。結婚は運命ではなく、決断である。

彼はタクシーの中で、今から会う人を選ぶことを心に決めてきたのだと思う。今は2児の父である。

西荻夫婦

退屈というものを最初に経験したのは小学1年の時だったと思う。

夏休みに祖父の家に一人で遊びに行ったのだが、日中は祖母と私の二人しか家にはいない。祖母が常に身体を動かして家事をしている間、私はテレビの前に座り、中村扇雀か山田五十鈴が出てきたら、おばあちゃんを呼びに行くことだけが仕事だった。しかし、それしかすることがない生活に飽きがきたのだろう。ある日、身をよじるような苦悶が起こった。畳の上で七転八倒する私に、祖母が身体のどこが痛いのかと心配して声をかけた。

「どこも痛くない。退屈で退屈で苦しいだけ」

それで、仕方なく親の家に戻った。

家には『スケートをはいた馬』という買ったばかりの本があり、それも実に退屈な本だったのだが、スケートをはいた馬たちがいろいろな村を探検する中で「なまけものの村」を訪れる場面の頁だけは飽きずに眺めていたものである。

「なまけものの村」では、村人は目が覚めてもベッドから起きだすということをせず、互いの家を結んだ糸電話の先についたラッパスイセンのような受話器を耳と口に当てると、寝たまま話をし、話がすむとまた寝てしまう。

「退屈な人たちは、一日ベッドから出てこないのだ」

そう思うと、退屈が少し和らぐ気がするのだった。

トロッコのような家族旅行

中学の時、それが生まれてはじめてだったのだが、家族4人で山陰地方に旅行に行った。結構長い期間、海水浴や温泉巡りをしたのだが、小泉八雲の家を訪れた時、いきなり「退屈」が襲ってきた。大人2枚子ども2枚の入場券を親が買い、4人で靴を脱いで中に入る時、身悶えするような恥ずかしさを覚え、「私は入りたくない。外で待ってる」と宣言して、石のように立ちつくした。

「入ろう、一緒に。一緒に見ないと何もなれへんやろ。早くおいで。どうしたんや？」と、オロオロして私の腕を引っ張ろうとする父の手を、力任せに払いのけた。

それは思春期にある性的な嫌悪ではなく、「型通りの家族旅行」を演じている自分に対する羞恥心からである。自分の前に「家族」という線路が敷かれ、その上を「トロッコ」に乗って進んでいく。そういう人生が喩《たと》えようもなく恥ずかしく、平和で平凡な家族が耐えられないのだった。

大学に入った18歳の時、東京芸大の声楽科1年の友人ができた。彼女は「マリア・カラスはね」と、常にカラスの考えを私に聞かせてくれるのである。

「マリア・カラスはね、お鍋の底を磨きながらアリアを歌うことなんてできないと言うのよ」

「家族になることは、特急白兎の4人がけのシートに収まって旅行をすること」と思っていた私にはまだ性別役割の意識はなかった。そこに「結婚とは、台所でお鍋の底を磨くこと」という定義が加わったのである。

その彼女が珍しく日本人作家の本を読んだことがある。

「曾野綾子はね、若い時に縁側で日向ぼっこして、何もしないことを咎められてね。どうせ年をとったら縁側で時間潰しをしてもいいなら、若い時から縁側でボーッとしてもいいじゃないかと書いているのよ。人生は退屈との闘いよね」

長い余暇時間を、マリア・カラスにならない人間はどうやって潰せばいいのだろうと、二人して暗澹たる気分になったものである。

入場券を買い、靴をビニール袋に入れ、家族で小泉八雲の住んでいた家に入らないと、人間は時間を潰すことはできないのだろうか。そんなことばかり考えて生きてきた。

後に「犯罪」の講義を持った時、「犯罪」の定義についてまず語らねばならないのだが、「犯罪」というものが行為に内在しているわけではないので困ったことがある。

「人を殺すより、人を産む方が罪が重い」というフロベールの言葉がよほどよく理解できると思った。

すると、法学部の女子学生が出席カードに書いてきた。

「人を殺すより人を産む方が罪が重いという言葉に似たもので、『人が子どもを育てるのは復讐である』というものを思い出しました」

親が子どもに求めていることの中に親の社会への無意識の復讐が潜んでいることを、悲しいことに子どもは見抜いてしまう。

だから子どもを作らない

結婚の理想について書いてもらった文章の中にこういうものがあった。

「私は3人姉弟で、私の下に高校生と小学生の弟がいます。母は、彼女のほとんどの時間を私たち子どもに費やしています。下の弟はサッカーをしており、いくつものクラブに所属していますが、週末は必ず試合があるため母は必ずそれに付き添います。

平日も、夜遅くまでクラブチームの練習があり、それが電車で1時間近くかかる場所にあるため、週に何度も弟を送り迎えしています。その他にも、小学校のPTAなどの役職に就き、その上、母は通っている教会の仕事まで引き受けています。

にもかかわらず、母は家事を怠りません。彼女はもはや完璧な主婦という名の機械であると言っても過言ではありません。そのような母を私は尊敬しています。それが、家庭を持った母としての務めなのかもしれません。

しかし、夜、蛍光灯の光の下でお皿を洗う母の後ろ姿を見ていると、私は母のように自分の時間をすべて捨てて子どもたちのために生きるということができないと思うのです。母にはとても失礼なことだと思うのですが、私は自分の時間を自分のために使いたい。家庭や子どもに縛りつけられることは、とてもできないと思うのです。

それなら果たして結婚する意味はあるのだろうかと疑問に思うことはしばしばありますが、そもそも結婚とは、なぜするものなのでしょう。母は家庭と子どもを持ち、だから孤独ではないということになるのでしょうが、そのためにここまでする義務があるのかと思うと、私はどうしていいのか分からなくなります。

私の結婚の理想、というより夫婦の理想は『西荻夫婦』です。私はかねがね、漫画家やまだないとの作品が好きで愛読しているのですが、中でも『西荻夫婦』が好きなのです。題名のとおり、西荻窪に住む30代の夫婦の話です。会社員の妻と漫画家の夫の淡々とした何気ない毎日が描かれています。彼女たちは孤独です。しかし、どこかで孤独を愛しています。そして、二人は馴れ親しんで他人でなくなってしまうことを恐れています。だから二人は子どもを作らないのです。二人はいつも手を繋いで歩きます。一人でいるときにそれぞれを感じ、二人が他人であることを認識し、安心するのです。二人は相手に固執せず、しかし、最後にたどり着くのはその相手しかいないのです。

このように書くとどこか重々しい雰囲気が漂ってきますが、むしろ私にとっては世間一般の、私の両親のような夫婦の方がよほど重々しい毎日を送っているように感じられます。私は母のようなスーパー主婦にはなりたくありませんし、なれないでしょう。

ただ一つだけ確信しているのは、私の父のように月に一度は海外に出張で出てしまうような人ではなく、いつも近くにいてくれる人と結婚したいということです。誰よりも側にいること、それが愛情であり、夫婦だと思うのです。私は、私の両親のような夫婦にはなりたくありません」

一人の学生によって、私はやまだないとの『西荻夫婦』を読むことになった。2001年に初版が出ている。

そして、誰であれ自分の結婚像は自分の親の結婚の影響を免れるものではないと思い知ったのだった。

やまだないとは書いている。

「でもわたしがうしろめたいのは、生まれない子供にではないのだ。

わたしたちの両親にたいしてうしろめたく思っている。

私たちのために確実に、自分の時間を費やしてくれたその人たちにもらった時間を、わたしたちときたら、まるきり自分のためだけに使っているのだから。

わたしはわたしの両親が手をつないでいるところを見たことが無かった。

キスをするのも見たことが無かった。

いつも父親と母親で、わたしの親で、わたしを育ててくれている人だった。

二人きりの暮らし。地元の慣れた道を手をつないで歩くこと。行きつけの本屋で同じ本を並んで立ち読みすること。もしかしたら親達は、知らなかったのかもしれない。デパートの、よそ行きの紅茶も、ぜいたくなお総菜も、冬に買う真夏のシャツも。そしてまた一日が終わったと、二人で共通の物悲しさを覚えること。知らなかったかもしれない。

それがうしろめたい」

エリザベスになりたい

「分別臭い結婚をするのは嫌ですが、分別のない結婚をするのはもっと嫌です」と若い人が言う。

世の中に「分別ある結婚」を目指すほど揺るぎのない結婚観はない。

「分別」とは何なのだろう。

「お金のために結婚するのはよくないが、お金がないのに結婚するのは愚かなことである」

それが「分別」である。自分と自分の親と子の住む環境を美しく保つ上には当然のことである。

18世紀イギリスの中流階級の人々にとって、「近所に自慢できる結婚」か「近所に隠しておきたい結婚」か、結婚は2種類しか存在しなかった。

「分別のない結婚をするのは嫌」と言い切った人は、「私は、エリザベスになりたい」とも訴えた。

エリザベスは世の中にはいっぱいいるが、ジェーン・オースティンの『高慢と偏見』の主人公のエリザベスである。

エリザベス・ベネットのような女性になりたい。あの痛烈な諷刺を発することのできる、心の中に毒を隠し持った女性に私はなりたい。そして、エリザベスのような文句のつけようのない結婚がしたい。オースティンの世界はどれほど魅力的でしょう。もちろん、卒論はジェーン・オースティンにするつもりです。

作家は第一作にその生涯のテーマを既に書いているというが、作家にはならない人の場合、卒論のテーマがその人が生涯抱えていく本人の知らないテーマであると思う。「お金のために結婚するのはよくないが、お金がないのに結婚するのは愚かなことだ」というのは、ジェーン・オースティンが生まれた18世紀の結婚観である。道徳と現実が一致していた時代の家族の常識である。結婚と恋愛が区別されていた時代と言ってもいい。

英国恋愛小説の傑作

ジェーン・オースティンは1775年に生まれ、1817年に亡くなった。父は牧師である。兄や弟のほとんども牧師か軍人になっている。ジェーン・オースティンは、41歳でアジソン病で亡くなっている。人生最後の7年間に多くの小説を書いたが、作者名は隠されていた。

『高慢と偏見』は、オースティンが20代初めの頃に、20歳の女性を主人公にして起稿されたものである。

イギリス文学史の中に位置づけると、ジェーン・オースティンは時代的にはロマン派に属する。しかし、「彼女には時代色といったものがない」（『イギリス文学史』J・B・ウィルソン著）。

「彼女は初めての重要な女性小説家として古典派とロマン派の両運動の上に立ち、ある意味で18世紀と19世紀の橋渡しをするものであるが、しかし彼女をどのグループに帰することもできない——彼女は独自である」（前掲書）

ジェーン・オースティンに時代色がないのは、彼女が書いたものがイギリスの当時の中流階級の、地方の家族の小さな世界で起こったことだけを材料にし、その外部の具体的な世界には超然としているからである。近代になってから、いやそれ以前からずっと、結婚そのものへの女性の意識には変化はないと言うこともできる。

当時、イギリスはナポレオンの制圧を警戒して軍隊を配置して緊張していたが、『高慢と偏見』(全61章)がナポレオン戦争のことに触れているのは、一箇所だけである。第39章の、エリザベスの妹のキティとリディアがロンドンの宿屋で「見張りに立っている衛兵を眺めたり、キュウリのサラダにドレッシングをかけたりしながら、姉たちの到着を待っていた」というくだりのみである。

『高慢と偏見』はそれ以外すべて、結婚の話題だけで成り立っている。男性は階級(身分)と職業と年収と教養で評価される。登場人物のうち4人(ぐらいしかいない)の男性のプロフィールはこうである。

エリザベスの父であるベネット氏——ハートフォードシャー州ロングボーン村の地主、年収2000ポンド。

ダーシー氏——ダービシャー州の大地主。年収1万ポンド(現在の約1億円)。母は貴族の娘。28歳。

ビングリー氏——父の代に商売で財を成した。年収4、5000ポンドの独身青年。

コリンズ氏――ケント州ハンズフォード教区の牧師。25歳。

この村の人たちは舞踏会とディナーとトランプをして毎週を過ごしている。そうしながら、結婚相手を探し、求婚したり、失恋したり、婚約したり、結婚したりしていく。それ以外には一切何も起こらない。かくして結婚に対する意識だけが増殖していく、これは一種の観念小説である。

「英国恋愛小説の傑作」と評されているが、『高慢と偏見』は、「恋愛小説」ではなく「結婚小説」と呼ぶべきであろう。「恋愛」とは違って「結婚」は、女性から見て「上を望む心」が生じないと起こらない。エリザベスはいつも思っている。「ほんとに愛せる人間なんてほとんどいないし、本当に立派と思える人などますますいない」。

エリザベス（愛称リジー）は5人姉妹の2番目である。父親のベネット氏は、「みんなばかで無学で、そのへんの娘とちっとも変わらん。だがリジーはちがう。頭の回転が違う」と、リジーだけを特別視している。

《ベネット氏は、頭の回転の速さと辛辣なユーモアと冷たさと気まぐれが奇妙に混じった複雑な人物だった》

要するに、リジーは「父の分身」なのである。英米文学に繰り返し見られる型ではあるが、「物を書く娘」が自分を投影する女性主人公は常に父に同一化し、その父に愛されている。そしてその分、母を心の底から軽蔑している。
《一方のベネット夫人は、大変単純な人物だった。頭も良くないし、教養もないし、情緒も不安定で、ちょっとでも自分の思いどおりにならないことがあると、自分は神経を病んでいるのだとすぐに思い込む。ベネット夫人にとって、人生の目的は5人の娘を結婚させることであり、人生の楽しみは、親戚や友達の家を訪問して、世間話に興じることだった》
エリザベスは徹底的に母を笑うのだが、母は女性ゆえに知る人生の智慧を確かに娘に教えてもいるのだ。

結婚と感謝の関係

エリザベスは登場人物の中で最も身分が高く、最も年収の高い男性であるダーシー氏と結婚する。そうでないと、父の世界を去る意味がないからである。ダーシー氏は階級と年収と身長と文字の美しさにおいて父を超えている。

エリザベスがダーシー氏に初めて会ったのはお屋敷の舞踏会である。ダーシー氏はエリザベスを見たが、視線が合うとすぐに目をそらして、友人に冷たく言い放った。

「まあまあだけど、あえて踊りたいほどの美人じゃないね」

エリザベスはこの言葉を忘れない。だから、彼からのちにダンスを誘われた時「せっかくですが」と軽く拒絶している。しかし、ダーシー氏の方は「こんな魅力的な女性に会ったのははじめてだ。彼女の身分がこんなに低くなければ、恋のとりこになりそうだ」と瞬時に恋に落ちている。

身分が低いというのは、《田舎弁護士や商人をしている親戚に問題があるという意味だとエリザベスは思った》。

エリザベスの母の父は事務弁護士であり、母の弟はロンドンで商人をしていた。そういうことが「高慢」なダーシー氏の階級意識に触れるのである。

この時代、結婚は同じ階級にいる者同士が行うものであった。

それでも、ダーシー氏はエリザベスへの思いを抑えられず、結婚を申し込む。そして、その時にこう言ってしまう。

「僕は嘘が嫌いです。どんな嘘も嫌いです。だから、身分違いの結婚に悩んだということも、全然恥じていません。悩むのが当たり前です。あなたの親戚の社会的地位の低さを、僕が喜ぶと思いますか？　自分より階級の低い親戚ができることを、僕が喜ぶと思いますか？」

エリザベスは怒りを抑えて、つとめて冷静に彼のプロポーズを拒絶する。それでもまた、ダーシー氏によって助けられることになる。

「分別のない結婚」（駆け落ち）をした一番下の妹に、ダーシー氏が金銭的な援助をしてくれていたのである。エリザベスはダーシー氏が本当はいい人なのだと言いたいのだが、家族はみなダーシー氏に「偏見」を持っているため、その話を信じるとは思われない。

ダーシー氏への「偏見」を解かせた理由は他にもある。ダーシー氏の召使であるレイノルズ夫人が旦那様の態度を褒めたのである。

《聡明な召使の賛辞ほど重要な賛辞はないからだ》

《兄として、地主として、一家の主人として、多くの人々の幸せがダーシー氏の手に委ねられている。多くの喜びと悲しみが彼の手に委ねられている。彼の気持ち次第で、多くの善も悪もなされうるのだ》

これがエリザベスの結婚の動機である。

上の階級から梯子が降りてきたのは、エリザベスの美貌のせいである。それでも、エリザベスは、上の階級の者（ダーシー氏）の「高慢」を許すことができない。同時に、下の階級の者（自分の家族）の「偏見」をなくすこともできない。二つの階級の間に挟まれてエリザベスは孤独である。立派な人は愛せない。愛する人は立派ではない。幸福になるには、愛ではなく分別に従って決断しなければならないのだ。

この小説の中で、聡明で誠実な人として描かれている唯一の人は義理の叔母のガーディナー夫人である。彼女はエリザベスに忠告を与えてくれる。

「お金のない者同士が好きになっても不幸になるだけ。そういう無分別な恋に落ちてはいけないし、相手をそういう気持ちにさせてもいけないわ」

しかし、やがてエリザベスはこう質問する。

「ねえ、叔母様、お金目当ての結婚と、分別のある結婚とどこが違うの？　どこまでが分別で、どこからがお金目当てだと言えるの？」

結婚について、女性が抱える普遍の問いである。

TSUTAYA族の告白

先生に言っておくが、雑誌「JJ」は分厚くてとにかく重い。

なぜかと言うと、豊富な情報量の中にはオシャレを楽しむこと以外にも、読者である10代・20代女性が理想とする〝いわゆる女の幸せ〟を摑むための術が詰まっているから。

たとえばゴルフなどを習うお稽古特集。「JJ女子部」という小さなコーナーでは、手芸や料理にモデルがチャレンジしている。

また、女子大生に人気の企業への就職活動の仕方や、彼ママに会うためのお洋服やメイク、マナー、手土産に何を持っていくべきかまで事細かに紹介されている。

後半には〝マダムＯＧの幸せのウェディング・ＪＪ育ちの結婚神話〟という、タイトルそのままの結婚にいたるまでのストーリーと、幸せな新婚生活の様子が載せられている。

「ＪＪ」で採り上げられる女性は、そこそこ名の知れた大学出身で、家柄も申し分なく、お金もある女子大生や社会人が多い。

一応いい企業に就職し、社会人を経験してから寿退社し、専業主婦になること、それが「ＪＪ」の〝いわゆる女の幸せ〟である。

しかし、目標はセレブ婚なので、旦那は経済力のある人で、家族公認が必須である。頭、顔、家のいい男が理想。また、専業主婦になってもお稽古に通い、自分磨きを欠かさない。

最近では、習ったお稽古を活かし、自宅で教室（サロン）を主宰するサロネーゼになることが新たな目標になっている。

どちらにしても、結婚しなければ始まらない。いつでも優先順位は先ず家庭、次に仕事なのである。

そこで思う。私を含め「ＪＪ」読者にとって〝結婚〟とは何なのか。本当に好きな人と一緒になるためにするものなのか、それとも、〝いわゆる女の幸せ〟を手にするためのワン・ステップであり、専業主婦やサロネーゼになりたくて結婚をするのかと。

結婚、それは肩書でしかないように思える。世間体や親の目線から見た女の幸せであり、それで本当に幸せになれるか分からないが、とりあえず結婚という肩書を手にすることで女は幸せになれると自分に暗示をかけているように思える。

しかし、「JJ」のいう結婚という肩書に縛られた〝いわゆる女の幸せ〟を手にすることが本当の幸せではないということに、「JJ」読者はもう気がつきはじめていると思う。それは世間体や親の決めた〝いわゆる〟女の幸せだということに。

我を忘れてみたいのに

私は「JJ」族であると同時に、TSUTAYA族でもある。

TSUTAYAに何時間も入り浸ったり、夜中にわざわざ日付が替わってから行って借りるというセコイ手を使ったりする。

「レンタル半額」の日には、必ずDVDを10本ぐらい借り、最近我が家に来た亀山モデルの巨大テレビ画面に食いついている。

明け方まで見続けることもしばしばだ。

映画が大好きな私は、もちろんピカデリー族でもある。毎週水曜日は私にとって映画の日にあたる。

レディースデーのおかげで、女性であれば1000円で鑑賞できるからである。女性でよかった。

映画から学ぶことは多い。「JJ」のキーワードである「モテ」と同じように、映画もまた恋愛教則本並みの力を持っている。私はラブストーリーを好んで観る。

最近ハマッたのは「ベガスの恋に勝つルール」である。これはラブコメディである。

あらすじをまとめると、登場人物はフィアンセにふられたキャリアウーマンのジョイと、父親が経営する工場を解雇されたジャックである。

ウサ晴らしに親友とラスベガスにやってきた二人は、偶然知り合い意気投合する。

翌朝目が覚めると、なんとジョイの指には結婚指輪が……。酔った勢いで結婚してしまっていたのだ。

もちろんすぐ離婚するつもりだったが、別れようと話し合ったその時、何の気なしに回したスロットマシンが大当たり。

転がりこんだ300万ドルのために、離婚するわけには行かなくなった二人は、どうにかしてうまく離婚しようと、裁判を起こしたり、嫌がらせをしたり、浮気するように仕向けたりもした。

しかし、二人はだんだんと心を通わせていくことになる。自分を飾らないでいられる相手が実は本当に大切だということに気づいたからである。

この物語の結婚は、見ず知らずの相手と勢いで結婚してしまうというとても非現実的な結婚である。現代でいう「ノリ」が原因である。

私はこれを「ノリ婚」と名づけたい。

「ノリ婚」は果たして上手くいくのだろうか。この映画では「ノリ婚」は大成功に終わるが、大抵の人は失敗に終わるのではないだろうか。

この結婚は必ずしも恋愛と結びついているわけではないし、経済的なものと絡んでいるわけでもない。

ここで大事なのは、自分と他者との境遇の一致である。両者の境遇が一致していることで安心感を得、距離は簡単に縮んだように見える。ジョイはフィアンセにふられ、ジャックは親に勘当される。二人とも、傷ついた心を癒すためにベガスにやってきたのだ。そんな二人が我を忘れた。だから「ノリ婚」が成立したのだろう。二人の一種の精神異常状態により、結婚が成立する。

愛と欲望が凝縮されたほんの数日が過ぎ、いざ夢から覚めると離婚したいと両者は思うわけである。

「あの時、自分はおかしかった。気が狂っていた。結婚は何かの間違いだ。取り消そう。僕らは愛し合ってなんかいなかった。数日で結婚なんて、やはり正気じゃないよ」

二人の意見は一致したはずだった。それを一気に撥ね除ける出来事、それがスロットマシン300万ドル大当たりなのだ。大金のおかげで離婚できなくなった。

「夫のものは奥さんのものでしょう」とジョイは言った。

そもそもジョイがフィアンセにふられたのは、彼女が完璧すぎるからである。男よりも仕事ができて、スタイルも顔もよく、性格もよく、非の打ち所がない。フィアンセは、そんなジョイのことを「自分には重い。素晴らしい女性だが、結婚はできない」と言っていた。

バージンロードを歩くとき

社会的に自分と同等もしくは上の相手と結婚することは男性にとって重荷なのだろう。ここでは、恋愛と結婚は切り離されている。

現代でも、女性は家の中にいて、男性を立てることを求められている。女性に優秀な人材が多いのはいいことではないのか。

でも、フィアンセがよりを戻したいと言い出すシーンがある。ジョイをフィアンセと浮気させるために、ジャックがフィアンセにジョイをベタ褒めするからだ。フィアンセは、やはりジョイは「いい女性だった」と考え直し、わざわざ会いにいくわけである。

自分のものになったと思った瞬間に愛は終わるが、他の人に「彼女、いいね」と言われると、「そうなのか」とまた好きになってしまう。

私はいつも頭で恋愛しようとしてきた。

そのことがおかしいと思ってはいても、「男の人には経済力がなければ結婚はできない」という呪文が聞こえるのだ。

この世の中に心で恋愛している人がいるなら、私は頭では哀れみながら、心の底では死ぬほど妬ましいのだ。

私が映画でラブストーリーを観るのを好むのは、私たちにとって結婚が恋愛から切り離されて現実化した分、どこかで純愛を求めているからだと思う。

結局は、純愛願望を想像の世界で満たしているのだ。

私は仮想的世界でしか理想的な恋愛ができない。

そう、その仮想の世界の極致が結婚式なのだと思う。

結婚式の日、花嫁である私は純白のドレスに身を包み、美しい花束を両手に抱き、厳かな教会で〝バージンロード〟を歩く。

そこに行きつく過程はどうであれ、結婚式のその日には花嫁は確かに神聖で汚れなきものなのだ。

それは合理的であって、とても寂しいことでもある。

私にはずっと彼氏がいなくて、すごく好きな人もいない。

男友だちは普通にいて、その中でカッコいいと思う人はいるけれど、特別好きになる人はいない。

顔と将来の年収の対照表とを睨めっこしながら、自分にとっての最高の王子様を必死で探している。

それが、つまりは結婚というものなのだと信じているからだ。

失恋して泣いている友だちや、ご飯を食べられなくなっている友だちを見ると、どうやったらご飯が食べられなくなるまで恋愛に夢中になれるのかを教えてもらいたかったと思う。

私は友だちの心境を理解するのに苦しんでいる。

古典の活用表を暗記するよりも、方程式の解き方よりも、顕微鏡の使い方よりも、どうしたらそこまで人を好きになれるのかを教えてもらいたかった。

でも一番知りたいことを、大人は一番教えてくれようとはしなかった。

私は今、友だちどころか、私のことを好きなのかどうかさえ分からないでいる。大人になれば、ハッピーな毎日が送れると思っていた。恋人がいれば、毎日は会わなくていいけど、会える日は会いたい。そう思っていた。

私は果たして結婚できるのだろうか。

今月も、私は重い「ＪＪ」を買ってきた。

気がつけば、またもやＴＳＵＴＡＹＡに通っている。

和歌山の母

子どもを結婚させて手放した後に親が鬱病になることは、実は日本ではしばしば起こっていることである。

そういう鬱病の存在が世間に大っぴらにされることがないのは、子どもの結婚が社会的には望ましい「自立」であり、家の発展つまりは子孫の継続に繋がるめでたいことであるという規範が親の意識の表層部分に行きわたっているからである。

しかし、子どもが結婚によって家を出ていく前であっても、たとえば子どもが大学に進学をして家を出ていく場合でも、親にとって、それも母親にとってそのことが鬱病の原因になるということがある。

私が教師をしていた時に最初に勤務していた学校では、既に担任制が導入されていたので、自分の担任のクラスの60名の学生のことは委細漏らさず知っておかなくてはならなかった。

そのために定期的に学生と個別面談をして、「何か今困っていることないか?」「授業で分からないことはないか?」「卒業後はどんな仕事に就くつもりなのか?」「親の期待は何なのか?」「どんなアルバイトをしているのか?」というような質問をして、学生の悩みを常に把握しておくのである。

当時30歳だった私に対して未成年だった学生は率直に気持ちを打ち明けてくれた。

娘のいない部屋で泣く

紀伊半島南端のある町から来ていた学生は、父親にはそもそも娘を大学に進学させる意思などなかったが、両親に「どうか大阪に行かせて下さい」と頼んだことで、母親が自分の貯金から受験料と入学金と授業料を支払ってくれて今ここにいるのだと語った。

「お母さんにお金を出してもらって学生生活をしていると思うと、私は一所懸命勉強して、資格をとって、お母さんが喜ぶような就職をしないといけないと思うんです。そうしないと、一生お母さんはお父さんの前で小さくなって生きていかなくてはならないでしょう」

お母さんは和歌山に生まれて高校を出て暫く働いて、親の決めた地元の公務員の父親と20代前半に結婚して子どもを二人産んで育て、舅と姑にも仕えている。和歌山から一度も出たことがないという。

「お母さんは私の部屋に入るといつも淋しくて涙が出ると言うんです。私の部屋は、私が高校に行っていた時のままにして置いてあるんです。兄が大阪に出て行った時にはそんなことはしなかったのに、私には早く帰ってきてほしいとしょっちゅう手紙が来るんです。私は就職で地元に帰らなければならないのか、大阪で就職してもいいのか悩むんですが、地元で就職することは無理なんです。お母さんはいつまで待っても私が仕事を見つけて和歌山に帰ることはできないということを知らないんです」

その学生は就職活動のために訪問した地元の公立幼稚園で、そこの園長に断言されたという。

「1年後、2年後、いえ3年後まで、採用する人は決まっています」

地方の日本は中国以上のコネ社会であることを知っている娘は、都会で就職先を見つけるしかない将来を親に隠していなければならない。

しかし、田舎の方が就職は狭き門だということを知らないお母さんは、次には結婚のためにも娘に帰ってきてほしいと望んでいるというのである。

母親にとっては、女性に就職先がない地方であっても、就職している男性を見つけて、その男性の家と自分の家が釣り合い、首尾よくその男性に娘を気に入らせさえすれば、娘は地元で永久就職でき、自分のそばにいてくれる。

となると、大阪に娘を出したのは結婚のための箔づけだったのかもしれないということになる。

この学生は大阪で就職し、5年経つと親の決めた地元出身の男性と結婚はしたが、大阪で専業主婦になった。

こういう場合、母親の真の希望が娘の就職の成功だったのか娘の結婚の成功だったのか、娘の判断次第で娘の人生への態度は徐々に変わっていく。

私が知っている学生の例で言えば、「お母さんの本当の期待は、私の仕事上の自立だったのではなく、世間に自慢できる結婚だったのではないか」と、40歳を過ぎてはじめて、つまり後半生になってからやっと気づく娘たちは思春期遷延症になる。その怒りは多くの場合、身体の病気となって現れる。学生が卒業後も、私はその生活を見聞きして知っているのである。

親の願望が熱い学生は、9割が和歌山県出身、1割が高知県出身である。

大阪府の母親はもっとドライだし、京都府や広島県の母親は最初からウェットで、娘の価値観はあまりブレることがない。娘はダブル・バインド状態に置かれることはなく、子どもの頃から親の価値観に対して免疫ができているのである。が、和歌山は違う。

もちろんこういう傾向は私が大阪府にある学校にいたから思うことであって、福岡県にある学校の教師であったなら、佐賀県が何割とか、熊本県や宮崎県が何割というように、全く違った結果になるであろう。

しかし、実際に和歌山県という具体的な地域に、そういう母親の熱い思いに応えようとして頑張って就職活動をし、その後で親に逆らわない結婚をして家庭に収まっていく女子学生が多いのは何故なのだろう。

その和歌山出身の学生の親友である大阪府出身の学生に尋ねてみたことがある。彼女は即答した。

「黒潮のせいですよ」

和歌山にあるその学生の家に遊びに行くと、お母さんは娘の友だちというだけで大阪では考えられないほど手厚いもてなしをしてくれた。

「あれも食べ、これも食べ」と山海の珍味を食卓に並べ、「うちの子になっていつでも泊まりに来て」と頼み、帰る時には泣いて別れを惜しんでくれたという。
「うちのお母さんは笑いはしても、泣きません」

メランコリー型性格

「先生、黒潮の流れるところの人は血が濃いんですよ。お母さんが子どもを思う気持ちにも、子どもが親を思う気持ちにも、大阪の人間には想像もできないほど熱いものがあって、だから互いに離れると淋しくてたまらないんだと思います。もともと和歌山の子はみんなすごく情が厚いじゃないですか」

そう言われると、確かにそうなのである。

娘が進学で家を出たあと、お母さんが娘の部屋に入ると泣いてしまうという話は学生から何度も聞いたことがあるが、いずれも和歌山県出身者である。

東京の大学に進学して、初めてのゴールデンウィークに帰省した時、「地元のＪＲの駅ではなく新大阪駅で母が早くから待っていました」と言った学生もやはり和歌山県出身だった。

しかし、こういうことが黒潮のせいですべて説明できるとはとても思えない。和歌山は政治的に保守王国でもある。

和歌山県のお母さんたちは、「親しみやすく、人づきあいがよく、同調的で、相手に親切」なのだが、そういう性格はクレッチマーの指摘する鬱病の病前性格にとてもよく当てはまる。

血が濃いというのは情が濃いということであるが、私の知っている和歌山のお母さんたちは、母親であることに関してとても模範的なのである。

ある時、和歌山県の学生が私に言ったことがある。

「好きな男の人がいたとして、その人と結婚もしていないのに、何かするとするでしょう。そういうことになりそうな雰囲気になったことがあるんです、一回。でも、先生、その時、私、部屋の天井の四隅にお母さんの顔が見えたん。本当に見えたん。お母さん、ごめんなさいって言葉にはしなかったけど、お母さんを裏切ることはどうしてもできんかったん。私、自分でもアホかと思うんやけど、お母さんを悲しませることは、どうしてもできんかったん」

部屋の四隅に猿がいて自分をいつも監視しているという小説を読んで深く共感した私には、母親が猿にとって代わることは想像もできないことだった。しかし、彼女はその母親にとっての優等生なのである。母親もまたその母親にとっての優等生なのであろう。

古典的な鬱病論であるテレンバッハの『メランコリー』改訂版によると、鬱病者は性格として、秩序愛、仕事上の几帳面さ、入念さ、良心的な義務責任感などと共に、対人関係において「他者優先」的配慮を持っている。

メランコリー型の対人関係の要点は、他人のために尽くすという形で他人のためにあるということである。

それはハイデッガーのいう『尽力的顧慮』のプロトタイプである。

マトゥセックらが述べているように、既婚の女性の場合には、妻として、母としての仕事を果たすという規範が、なんの説明も要せずに身に付いている。夫や子どもが一日の仕事を終えて帰宅してからでないと、彼女たちの生活は始まらない。

クラウスが的確に指摘するように、この種の人は自分のあり方を自分で決める自由をも回避して、他人が自分に対して示してくる要求のうちに自己同一性を見出している。

特に、子どもに対する関係は、共感を通りこして、共生的である。誰かに尽くし、誰かを喜ばすことができれば、満足感が得られる。人から受け入れられないことがあると、それが頭にこびりついて離れない。メランコリー型の人は、ものをむやみに受け取らない。何かを貰うと、何倍ものお返しをする。明白な行為を伴わないで、ただ純粋に相手のためを思うだけというあり方は、この種の人には考えられない。

マトゥセックもいう通り、彼らが人を愛するのは、相手の個性、相手の人格を肯定するということではなくて、相手からも同じように尽くしてほしいという要求をかかげて相手に尽くすということである。この型の人は独りでは暮らせない。独りでいると自殺のことが頭に浮かんでくるのである。

これは、まるで日本人の模範的な母親の特性を記述したようなものであるが、母親としての役割同一性を完全に取り入れた女性は母親であるがゆえの抑鬱と悲しみを抱えているのだ。

真の恋人同士は役割アイデンティティとは無縁であるが、結婚生活とは役割同一性を取り込むことである。

恋愛はより統合失調症に、結婚生活はより鬱病に親和的なのだが、模範的母親は更に鬱病に親和的である。

愛情深い母親を見ると、いつもその翳《かげ》にある悲しみを思う。

計画通りに動かない人たち

「クーラーの修理に来た人に、彼女がお茶を出したのを見た時、彼女と結婚しようと決めました」

現代における、女性版「結婚の才能」である。

つきあっていても、結婚を決めるにはなかなか至らなかったというのではない。こういうことは、つきあってすぐの時期に起こることである。

彼女の部屋にいる時に、彼女が業者の人に示した礼儀と思いやりが結婚の決め手になったという男性の話をすると、女性は大抵その彼女に怒りを覚えていろいろなことを言う。

「彼女一人だったら、お茶を出さないですよ」

「男性って、なんて単純なんでしょう」

「お茶も急須も茶托もない私はどうすればいいんですか」

「私なら、食事まで出します」

いずれにせよ「結婚の才能」というのはそういう具体的な挙措にあるというところが、女性の癇に障るのである。

世の中には、恋愛の才能はあるが、そういう結婚の才能はないという女性がいる。「内面的には、自分の方がその彼女よりずっと優しい」と思ってはいても、ホスピタリティを分かりやすく示さなければ男性には何も伝わらないということが、どこかで不愉快なのである。そういう行為をしなければ結婚できないのなら、結婚しなくてもいいと思っている人も少なくないだろう。

お茶を出すような人は、「結婚のプロ」なのだが、多くの女性は「結婚のアマ」で、間違った方向で自分磨きをしている。たとえば、経済力や学歴を身につけるとか。

経済力があってしかもお茶を出す女性は別として、経済力があってお茶は出さない女性と、お茶は出しても経済力がない女性なら、男性はどちらを選ぶだろう。

「その彼女は他人にお茶を出す前に、彼にお茶以上のものを出しているじゃないですか。それは計画犯じゃないですか」と、怒った女性もいた。

人間は屈辱的な場所に帰るぐらいなら、どんなこともする可塑性に富んだ生き物である。それを計画犯というなら、ある集団の中で自分の上位にいる人に気に入られるために、その命令に従順に行動している人は全員計画犯ということになる。

刑務所にいる模範囚も、そういう意味では計画的であるかもしれない。いや、頭のいい囚人なら模範囚になるだろう。

内心がどうであれ、表面に現れた行動が模範的であれば懲役期間が短くなることについて、人を行動で評価する以外に評価する方法はあるのかと刑務官は言うだろう。

それに、模範囚は優遇されるという規則がなくなれば、刑務所から模範的な囚人は消えてしまう。

兵隊の才能

昔の日本には、恋愛感情がなくとも結婚はしなければならないものと思って結婚し、結婚後は妻としての義務を忠実に遂行してきた人が大勢いた。縁側にお客さんが座ると、お茶とお漬物を出すようなおばあさんたちによって、黎明期の結婚制度は支えられてきたのである。

１００歳の女性に萩本欽一がインタビューするＮＨＫの番組では、１００歳の女性が夫を好きだった理由で一番多かったのは「親切な人だった」というものだった。

重要なことは、そういう人は地方に多くいたということである。そして、地方の人は長く農業によって生活してきたということである。

日本の農業それも稲作は、機械化される前まで、世界の農業の中で最も過酷な肉体労働であると言われてきた。

稲作に従事し続けた結果、背中が、くの字どころか直角に曲がったおばあさんがいたように、農家で生きることは、結婚して、子どもを産み、毎日田んぼの中を這いずりまわることを意味していた。

昔の人にも結婚に才能があったとすれば、それは、相手に選ばれるための才能ではなく、結婚生活を継続させる才能である。成分は、忍耐力と従順さと協調性である。

辛抱強く、我を抑えて、こつこつと働く。自分に毎日具体的な義務を課し、飽きないよう性格を矯《た》める技術でもある。自分をそこにとどめておく才能である。

日本人の意識の基底部には、こういう農業の論理が今も存在していると思う。

昔の女性の結婚の才能は、男性で言うと、兵隊の才能に該当するのかもしれない。

冷害や旱魃《かんばつ》や台風が来ると稲は全滅する。男性は天候に左右されずに決まった給料の貰える勤め人になるためには、中等教育以上の教育を受けて、都市に出なければならない。しかし、田畑と家と親を捨てて都市に出ていくことはできない人たちがいる。土地と家に縛りつけられ、自然を相手に根気強く重労働に耐えるしかない男性たちが、一旦徴兵されて軍隊に入ると、そこで大きな解放感を知ったのだという。

軍隊の演習というものは農作業に比べると肉体的にははるかに楽なのである。にもかかわらず、日に3回も白いご飯が出てくる。ただ上官の言う通りに黙々と動いてさえいれば、それだけで模範的な兵隊と言われ、学歴と関係なく処遇してもらえる。戦地に行かない限り、軍隊は平等で、安楽で、確実に白いご飯を食べさせてくれる場所である。

ここは天国だ。それなのに、帝国大学を出たような連中は、演習では疲れ切り、何かと上官に反抗的な態度を示し、休憩時間にドイツ語の本を読んだりする。

農家では、隣の家がしていることと同じことを、同じ時期にやらなければならない。田植えも稲刈りも、早すぎても遅すぎてもいけない。前日に隣が田植えをすると手伝いに行き、翌日はこちらの田植えに手伝いに来てもらう。みんなに合わせて同じことをすることができなければ、農業をすることなどできない。

金持ちで教養があると、人と同じことをしていても、なぜこういうことをしなければならないのかと、いちいち余計なことを考える。

「軍隊は極楽なのに、あいつらはここを地獄だと思っている。本当の地獄を知らないからだ」

しかし、そういう本人たちも、戦争が終わると、自分の子どもは大学に進学させたくなったのだから、反発というものの中には、他の気持ちもあったのかもしれない。

農村出身兵にとって、近代軍隊が理想の場所であったのとまったく同じように、近代結婚はある種の女性にとっては、ある時期、理想の場所であった。

結婚する前の境遇と比較しての差だけではない、結婚そのものが新しい制度として昭和30年代に樹立されたのである。年金制度と同じと考えるなら、昭和36年である。

現在、結婚の才能を備えている女性が、善人ではなく悪人の範疇に入れられるのは、結婚が女性に安楽と経済的利益を備えるものに変わったからである。「労働の場からは撤退しなさい。家庭の中にいれば幸福になれますよ」というメッセージで、結婚した人を経済的にも優遇することは、新しい戦争には必要な政策だと思われた。経済戦争である。日本は明治以来、ずっと戦争体制で来たのである。

全総の御大

1970年代後半、まだ高架橋のあった国鉄の国分寺駅の壁に夥《おびただ》しい数の労組のポスターが貼られていた。そこには、みな同じ文章が書かれていた。考えた人はよほど気に入っていたのだろう。

「妻を働きに出さないで済むだけの賃金を払え！」

夫は仕事に専念し、家庭のことは妻に任せる。この生活の魅力が男女双方にとってきわめて大きかったのだが、今思えば夢のような要求である。

工業化に成功したように見える国力を維持発展させるため、農村的生産論理に工業社会の生産論理と消費の論理が接ぎ木された。女性の寿退職と専業主婦優遇政策。夫に扶養されて主婦として室内で生活できるなら、農家に嫁ぐことなどありえない。その時点で、日本の農業は破綻を宣告されていたのである。

国民全体にある価値観が浸透しきるのには50年かかる。が、浸透しきった時、その価値は既に空洞化している。エリート層は、既に次の段階に移行している。

現代版「結婚の才能」を揶揄する女性が、饒舌な割には自分は結婚したり子どもを産んだりはしないのは、そちらの選択の方が安全だからである。

それでも、「大東亜共栄圏」という名の下に日本の植民地になったアジアの国では、これが日本で失敗した政策であることを知らず、現在も日本の真似をして少子化に見舞われている。

数十年前、現在の日本を予想していた人がいる。「全総の御大」下河辺淳という人である。経済企画庁にもいたことがある、「全国総合開発計画」立案の中心人物でもある。若いころ満州国の資料から多くを学んでいる。企業の未来の研究もしていた。シンポジウムを聴きに行ったことがあるが、下河辺淳という人は他のシンポジストとは全く異質な人物であった。何が違うかといって、他の人が日本の国土開発計画のメリットを空疎な言葉で語るのに対し、下河辺淳だけはその計画に最も深く関与しているにもかかわらず、悲観的な発言をするのである。

経済計画の中には結婚政策も含まれている。家庭に一つの標準モデルを作り、官の統制の下、民がそれを毛細血管のように国中に張り巡らせる。昭和30年代の高度成長政策も、満州国も、元を辿れば、二・二六事件で統制派が皇道派を破ったことに行き着く。この国では、すべての業種に規制という「統制」があり、人々は目に見えない支配を受け続ける。結婚もまた同じである。

しかし、いくら計画を立てて国家や企業が優秀な人物を動かそうとしても、そういう人から順番に逃げていく。狙った人材を計画通りに動かすことはできない。国の経済計画をどうこうするといっても、すべては幻のようなものであるのかもしれない。

シンポジウム開催の意図を全否定するようなことを下河辺淳は語った。その虚無的なところが、却って真実を言い当てていると思わされた。

考えてみても簡単なことである。計画通りに動かせる人たちが全員計画通りに動いた時点で、国家も企業も、その成長は停止する。みんなが決まったことだけをしていると、その労働は代替性がきくものになり、新しいことは何一つ発想されなくなる。伝統もそこで途絶えてしまうのは、画一性と代替性を尊ぶ職場なら、他人に自分の技術を伝授して、自分の労働の代替性をみすみす増やすようなことなど人間はしないからである。

軍隊生活に我慢できなかったインテリ兵士と、会社の集団性と成果主義に我慢できないエリート層の内心は多分同じである。そして、結婚制度に順応できない女性も同じである。

そもそも規制は、最低のものを普通のものに底上げするために設けられたので、最高のものを普通のものにするためにあるものではない。

しかし、現実には、それが起こったのである。

結婚にも規制緩和を導入しなければならないところに来ているのだろうか。

家事をする父

買い物に行ったスーパーでレジに並んでいると、前に白いシャツに草色のカシミアのカーディガンを着た80代半ばぐらいの男性が立っていた。籠にはお寿司のパック2人分と食パンと牛乳とヨーグルト2個が入っている。その男性が1万円札を出すと、レジの中年の女性が尋ねた。

「1円玉はございませんか?」

「あります」

男性は財布とは別にポケットに入れていた小銭入れから時間をかけて1円玉を探し出し、レジのトレイに置いた。

「お客さま。これは1円ではなく、100円です」

男性はいきなり小銭入れの中の硬貨全てを左の掌にあけると、店員に向けて差し出した。

「ここから取ってくれ。僕には見えないから」

かつては会社人間として戦い、家事は奥さんに委ねて暮らしてきたが、今、奥さんはもうスーパーには出かけられないのだろう。

老いとは、自分の不如意を思い知らされる屈辱に耐えることである。

最近の婚活ブームに関する雑誌を読むと、40代になった男性が、このままでいると一人で老後を迎えなければならないことに不安になり、大急ぎで結婚相手を見つけることにしたというような話が書いてある。

妻が生活の面倒を見てくれて、自分は妻よりも先に亡くなるという前提なのだろう。

しかし現実には、高齢化の進行する街のスーパーで高齢男性の姿は急速に増加している。年を取ると足腰が動かなくなるのは、妻の方がずっと多いからである。

大正生まれの人たちに、できる限り自分の家のことは自分でしなければならないという思いが強くあるのは、お上に助けてもらうのは恥ずかしいことだ、あるいはそれはあり得ないことだという教育を受けてきたからである。

この世代は、地震に遭って避難した小学校の体育館で「弁当の配給が遅い」と文句を言う人々のいることに驚きを隠せない世代である。

空襲で家が焼けた時、みな自力でバラックを建てて生きてきたのだ。誰が行政に仮設住宅を建ててもらえると思っただろう。

人生には想像もしないことが起こるし、自分にはできないことでも精一杯の努力で引き受けなくてはならない。生きることは厳しいことだ。

今までは、結婚の中で夫と妻の役割は決まっていた。

自分はその責任をきちんと果たしてきた。今、妻が果たすべき仕事を自分がしているのは、高齢の妻に家事ができなくなったからである。妻は戦友のようなものだから、代わりに自分がその仕事をするのは当然である。

問題は自分も年を取り、そのせいですべてが思うようにはいかないことなのだ。若い頃のように身体の自由が利かず、そのことで人に軽んじられるがために屈辱感は絶えることがない。老人はそう思っている。

山上憶良の「貧窮問答歌」でうたわれている人生の三大苦、貧病老のうち最も切実なものはどれかと言えば、もちろんそれは老である。誰もが避けることができず、回復することもできない。老いはすべてを圧倒する。

しかし、男性が若ければどうか。あるいは、夫が家事をすることが妻の病気のせいではない場合ならどうか。

遠い理想

その時、屈辱感はまた違ったものになるのだろうか。

現代の日本では、共働き夫婦であっても性別役割分業の解消は一向に進まない。家事に従事する時間は妻の方が圧倒的に長く、育児休暇を取得する父親の数は増えない。

そういう事実をアンケートで示した朝日新聞の記事の見出しは「遠い理想」というものだった。

「理想」とは、誰にとっての理想なのだろうか。

結婚するに当たって妻になる人に求める条件を「家事を完璧にする人」と答えた歯科医がいた。「自分も家事をするなら、何のために歯科医になったのか分からない」と言う。

この人は、経済力を家事から免除される印籠のように考えているが、現実には経済力のある男性の方が家事をするのである。家事をする程度のことで男性としてのプライドが毀損することはないという余裕からである。

また、「家事は女性の仕事」という概念を壊す柔軟性も持っている。経済力と学歴とは相関があるが、学歴と既成概念にとらわれない柔軟性もまた相関がある。

ということは、経済力がなく、だからこそ家事もしない男性を選ぶ（ことは「でき婚」以外あり得ないと思うが）女性は、家計労働と家事労働の両方の負担を一身に背負わされることになる。

「結婚はしたいが、当然家事の負担が増えるだろうから、安定雇用の人がいい」と訴える女性の気持ちは分からないではない。年金で言うと「国民年金ではない人」を希望する気持ちである。

「共済年金の人」はもちろん、「厚生年金の人」である男性が家事をすると、「家事が好きな人」と褒められる。

しかし、「国民年金の人」が家事をすると、「国民年金の男だから家事をせざるを得ないのだ」という声が本人の頭の中で鳴り響くのである。家事をすることで、自分の架空のアイデンティティが否定される。従って、意地でも家事をしない、というかできない男性がいるのである。

男性は男性内部では、女性よりも苛烈な差別の中にいる。買い物といい洗濯といい、女性がするものとされてきた行為を男性がする時、自分が女性のように他人の目に映っているのではないかという恐怖がつきまとう。「女性のように」というのは「男性としては二流」という意味である。

だから万一洗濯をしたとしても、洗濯物をベランダに干すことはしない。他人の目に晒される恥辱感からである。

多くの男性は依然としてチキン・レースをさせられていて、家事をしないことが男らしさだと思っている。

こういう男性の恥辱感と強迫観念を抜きにして、「理想」を説いても始まらない。

結婚においては男性が家事を喜んでする「家庭的な女性」を求め、女性が「家事に協力的な男性」を求めているのだから、男女とも家事を互いに相手に投げているとしか考えられない。家事は結婚の、いや人生最大の問題である。

母の言葉・父の教え

男性であれ女性であれ、家事をすることが誰かの真の理想であるとしたなら、誰かとは子どものことであると思う。育児も家事なのだから、子どもは育児をしない親とはそもそも接触する機会がなく、そういう親に子どもは愛着の持ちようがない。

育児の中には、料理、洗濯、掃除、看護等家事全般が納まっている。子どもを産み育てることは、だから人生の一大事なのである。

娘はよく父親に似た人と結婚するというが、一方で父親など大嫌いという娘もいる。いずれにしても父親は娘の男性を見る基準になっている。そして、娘が父親を見る目は、母親の目によってかなりの程度規定されている。

「母は結婚する時、理想通りの相手を選びました。学歴・身長・経済力・ルックス・優しさ。しかし、母の結婚が理想通りだったのは、結婚当初だけだったのです。子どもが生まれ、怒濤の子育てが始まった時、母は理想だけでは足りないことに気づいたのです。それは家事の手伝いが求められないということです。お金にならない無償の仕事が父にはできないのです。経済力で相手を選ぶのは間違っている。必要なのは対等性なのよと、母はいつも私に言います」

別の学生はこう書いている。

「結婚からが本当の人生。これが、母の教えてくれた言葉。子どもが生まれると、子どもと夫のことでいっぱいになってしまう。自分の時間など少しもないのだ。結婚こそが幸せそのもので、結婚がゴールだと思っている私に、母は、だからあなたにはまだ結婚はできないと言うのです」

娘は、父と母がどれだけの責任を以て「本当の人生」に臨んでいるかをちゃんと見ているものである。

「私の母は温室育ちのお嬢様で、品は良く綺麗だが、お嬢様だから料理・掃除が本当にできない。晩御飯をケンタッキーにしたりする。私は妹と二人姉妹なので、父は私たちを母のようにしてはいけないと、自分の部屋の掃除をきちんとしてくれと、お願いというかお祈りのように言っています。父は背が高くてとてもかっこいい真面目な人です。頑張って働いて帰ってきても、ご飯は粗食だし、部屋は汚く狭い空間になっています。父は私たちにお箸の使い方から行儀全般まで教えてくれました。小学校の授業参観も父の担当でした。父はとても責任感が強く、私たちが成長するにつれ、話し合いをする時には、感情的にならずにあらゆる選択肢を提示してくれました。私が悩んでいると、そんなことは重要じゃない、健康に生きてくれることが大事なんだ、女の子は顔じゃないと言ってくれます。どうして母が父のような人をゲットできたのか、私たち姉妹にはとても不思議です。私は背が低くかっこよくなくても、父のような人と結婚したい。父と母は友人の結婚式で知り合ったらしいのですが、私はその席順を組んでくれた友人にどれほど感謝してもしきれません」

料理と片づけ

昔は兄に薦められて兄の友人と結婚する女性がよくいたものである。しかし、今は違う。

「お兄ちゃんのお友だちで、こんな私でもつき合ってみてもいいと言ってくれる人、いない？」

大学生の妹が尋ねた。

兄は腕組みをし、「うーん」と首を一回転させてから、きっぱり言った。

「いないいな」

昔は物が溢れかえっていなかったため、妹も選ばれやすかったのだろう。

会社を経営する友人が社員を雇う時も、選考基準は「常識的な行動のとれる人」というもので、具体的には挨拶ができるか、突拍子もない行動をすることはないか、そして何より、片づけられるかであるという。

かつては「常識的な行動」ができる性格を「協調性」と言った。が、「協調性」があるから「常識的行動」を人はとれるのではない。「常識的な行動」をとる人を、本人も周囲も「協調的な人」と呼んだのである。

そういう曖昧な概念である「協調性」に代わり、「対人コミュニケーション能力」という言葉が使用されるようになった。集団の誰に対しても不快な思いをさせないよう、他人の心に配慮する能力。

「対人コミュニケーション能力」という言葉が使用されるのは、人間の「性格」を「能力」に置き換えるパラダイム・シフトが起こったからである。

このパラダイムは、人間の行動は「場」に応じて劇的に変化しうることや、能力を発揮する機会を与えられてこなかったり、そもそも何が能力であるかを教えられなかったりする人もいるという環境的・階層的要因を無視している。

多重人格の場合には人は複数の能力を持つことになるのだが、どの人格の時の能力がその人の本当の能力になるのだろう。

人間の4つのタイプ

先ほどの社長の指摘によると、「常識的な行動」をとる人の中には、しかし、判で押したように常識的行動をとる人がいる。これが正しいとされているからやっているだけで、融通が全く利かない。

社長が言うには、マニュアルとして常識的な行動をとる人は仕事上のアイデアを自ら出すこともなく、緊急事態に弱く、性格はいいが、会社に何らの発展ももたらさない。

「行動は常識的であっても、内面には常識を破るものがあってほしい」

社長はそう言いだした。

すると、人間は4つのタイプに分かれることになる。

1．表面は常識的で、内面も常識的
2．表面は常識的で、内面は非常識
3．表面は非常識で、内面は常識的
4．表面は非常識で、内面も非常識

社長は「2が一番偉い」と言って、2の女性を探し求めているのだが、実際に2は滅多にいるものではなく、1か3か4の女性しか面接には来ない。

その中から社長は、志操堅固な明るい3を選ぶ。

この社長は女性なのだが、自分が女性だから2を求めるのであって、社長が男性なら、1は女らしさゆえに、3は逆の女らしさゆえに騙されて採用することもあるだろうと踏んでいる。いずれにしても4は論外である。

文字が上下で逆転している言葉は、「出家」と「家出」が実は同じ意味であるように、「会社」と「社会」も同じものである。

女性社長の仕事は、3の表面の凸凹にヤスリを掛け、サンド・ペーパーで磨き、社員をツルッツルにすることである。

しかし、小さく光る碁石になると、その社員は結婚して辞めていってしまう。内面（価値観）はもともと常識的なのだから、常識的な行動がとれるようになれば、最高の花嫁候補となるからである。

文字は違うが、「会社」と「結婚」は同じところのものである。前者で通用すれば、後者でも通用する。

片づけるということ

「僕のような男のところに、誰も女性は来ないでしょう」と自嘲する男子学生がいる。相当数、いる。「僕」は、既に当代の結婚の規範を知っていて、「僕」が「僕のような男」を予選落ちにしてしまっているのである。

いかに学歴と学校歴が高くとも、男性にも「対人コミュニケーション能力」が求められる時代には、本選に出て敗北する前に、自ら予選落ちをしていく男性がいる。「性格論」ではなく「能力論」が優勢になると、告白して拒否されることは能力に欠陥があると診断されるに等しい。

女子にも自分を「予選落ち」させているケースはたくさんある。

「私は可愛くないから、結婚できないかもしれない。だから、お料理を勉強しています。男の人は、お料理の上手な女の人なら結婚してくれるかもしれないでしょ?」（小学3年）

「私はご飯が作れないから、結婚はできないでしょう。なんとかして仕事で生きていくつもりです。結婚はできなくても、私は恋愛には自信があるので、恋愛しながら、仕事をして生きていくつもりです。ただ、挫けそうになった時、自分で自分を支えられるか、とても不安です」（20歳・短大生）

女性は子どもの頃から、自分が結婚に向くかどうかを強く意識して生きている。そこに「料理」の才能が多く関わっているのは、驚くほどだ。

結婚は女性にとって「常識的な行動」の総体である。

結婚はできないが恋愛には自信があると言った女性は続けてこう語っている。

「恋愛とは相手を不意打ちにして感動させるもの。結婚とは逆に突拍子もないことをしないこと。私は毎日を平穏に暮らすことに恐怖を覚えます。私の中の何かが、そんな生活は私には送れないと言うからです」

彼女は毎日料理をすることを恐怖しているのだが、同時に部屋も片づけられない。

女性にとって、内面の非常識を隠して、行動を常識的なものにすることが「結婚」なら、自分は結婚できない、あるいは結婚しないという無意識の審判と選択は、世間で思われているよりもずっと早い時期に行われているような気がする。10歳で既に完了しているかもしれない。

恋愛の才能と結婚の才能とは一つのコインの裏表にある。

結婚の才能とは、「片づける＝拾う行動」であり、恋愛の才能とは、「散らかす＝落とす行動」である。

次の瞬間何をするか分からない人を、男性であれ女性であれ会社は採用しない。

予測可能な行動、すなわち常識的な行動をとり、非常識なほどの思考量を持つ人が会社に選抜されていくと、経済的な理由と相俟って結婚には有利になる。

そういう人たちは、社会を散らかさない。

人を最も常識的にさせるのはスポーツをさせることではなく、仕事を与えることと私有財産として土地を持たせることと結婚させることである。

そういう結婚資源のある人たちの多くが、恋愛とはほぼ無関係に結婚してしまう。なまじ恋愛の才能があると、家庭という重要なものを落としてしまいかねないので、周囲が最初から「安全な道」を辿らせるということもある。男の子に、代理満足として音楽を与えるとか。

次の瞬間何をするか見通せてしまう安心な人は恋人としては使えない。

結婚と会社には生産の法則が関わっているから、恋愛には、それを打ち消すほど消費の法則が詰められていて、危険な香りを選んでしまうのが人間である。

生産とは一言でいうと「食べること」なのであろう。

なぜ、女子が「料理」に肯定的であれ否定的であれ無意識裡に拘るのかと言えば、「食べること」は、結婚の内部では、女性が「作ること」と直結しているからである。

作った料理はすぐに食べられ、消えてしまう。作品そのものは人間が生きるために死ぬ。

摂食障害が今も圧倒的に女性の病であるのは、結婚の中で女性は家族に食べさせるために、毎日死ぬからである。消えてしまうものを作るからである。

だが、空になった器は消えない。それは出しては仕舞わねばならないものである。

料理の後片付けは、反復性そのものが持つ空虚の象徴である。

片づけられないというのも、今いる空間ではなく、時間を受け入れられないから起こるのだと思う。

片づけられない人は時間を断片的に生きている。言い換えると、現在時間だけを生きている。

毎日料理をすることが恐怖であると言った人には、永遠のものはないことを認めることが恐怖であるのだろう。

「日常性」というものに自分はどこまで耐えられるか、女性は男性よりもずっと早い時期から意識をしている。

高すぎる理想

『結婚の条件』という本を書いたあと、本を読んだ女性から受けた質問の中で一番多かったのは、「面白いギャグを言う女性はなぜ男性から結婚の対象としては選ばれないのでしょうね?」という質問だった。みな当事者である。

本気で質問している人もいたが、多くは知らないふりをして言っているだけのようである。

女性の中には、格別に意識の量の多い女性がいる。

面白いギャグを言わない女性の意識の量が少ないというわけではない。ギャグを言う女性は、状況への違和感を即座に軽妙に表現する能力を持っていて、それを持て余すことはあっても、矯正しようなどとは思っていないのである。

その上で、「そういう女性はなぜ選ばれないのでしょうね?」などと聞くのだから、これは質問ではない。

「男性は、ギャグを聞いて笑う女性しか選ばないですね?」

という男性に対する諦めだと捉えなければならない。

「フランスでもそうですから」と、私は答える。

日本人男性だけが意識過剰・表現過剰な女性を避けているわけではない。フランス人男性は、機知に富み、痛烈な皮肉で人を笑わせ、政治問題についても対等に議論できるような女性には、友人の椅子をあてがい、妻の座には座らせない。妻の座にふさわしいおとなしい女性は旧植民地の中にしか、もう存在しないという。

ギャグは攻撃である。男性は心を許した女性からの攻撃にはどこまでも弱い。「私はあなたを絶対に攻撃しません」という信号を出している女性でないと性的欲望が喚起しない。「可哀想とは、惚れたってことよ」と、夏目漱石が訳したように、男性の中には自分より「低」の女性を庇護することを愛情だと思っている人が相当数いる。自分より「低」の女性で、しかし女性偏差値は「高」であってほしいのだから、対象の数は限られてくる。

恋愛の才能

「恋愛の達人」から教えられた。

人が恋愛するには4つの才能が要ると。

1．バカであること

あとさきのことを考えるような慎重居士に恋愛はできない。自分には可能性がないと分かっていても臆することなく、周囲から無理だと言われても耳を貸すことなく、ひたすら「当たって砕けろ」の精神で行動を開始する。子どものように自分の感情に素直で、高価であっても有害であっても自分が欲しい玩具は諦めない。そして、たとえ当たって砕けてもすぐに次を考える。打たれ強い人であるが、容易に視野狭窄に陥る人であるということもできる。

2．まめであること

まめとは、几帳面で努力を惜しまない様子を言う。まめに働くとか筆まめな人という使い方をするが、本来の意味は「忠実」のことである。恋愛すると、恋人に几帳面で努力を惜しまず、主人に仕えるように恋人に仕える。「忠犬ハチ公」が若い人の待ち合わせスポットにいるのはそのためである。恋愛中は、主人の喜ぶことしか考えない。親切で、優しく、気が利き、連絡は欠かさず、遅刻はせず、約束は守り、相手の話をよく聞いてやり、かゆいところに手が届き、相手がこの世で一番大事だと言ってあげる。そういうボランティアのような行動が常に心地よいストレスとなっていて、面倒くさいなどとは思わない。

3. 自意識過剰であること

自分がどう思われているか、たえず自分を意識していなければならない。恋愛は相手のあることなので、自分がどう思われているか、鏡を見るように反射的に知らなければならない。自分中心では話にならない。自意識過剰にこれでよしというところはなく、いくら過剰であっても過剰すぎるということはない。それがなければ、いくらまめであっても効果はなく、むしろ、まめであることが鬱陶《うっとう》しがられることにもなる。

4. 賢いこと

恋愛には必ず終わりがくるので、その関係の終わりはどちらかが切り出さなければならない。この場合、賢い側はふってもいいが、賢くない側はふってはならない。恋人にも役者のようにニンというものがあり、恋愛に負わされた責務の重さを婉曲に拒否することができるのは、賢いものだけなのである。

バカで、まめで、自意識過剰で、賢い人というのは、確かに存在はするが、生まれつきそうであったわけではないらしい。「恋愛嗜癖」を自称し、他称もされる人は、「すべて経験から学んだこと」だという。失敗から人は学ぶのだ。

が、恋愛の才能を学ぶという時、人は恋愛の数をこなすことを前提にしている。

人は恋人が欲しいのではなく、恋愛という「幸福な異常心理」を経験したいのではなかろうか。

「恋人」から「恋」が剝落し「人」だけになると、幻滅が生じて「幸福な異常心理」は終わってしまう。それだけならまだいいが、憎しみすら湧き起こることがある。

恋人は、人が誰でもそうであるように、誰かによって周到に抽象的に構築された人格ではなく、具体的で固有性を持った不完全な人物なのである。

しかし、そういうことは絶対に受け入れたくない。恋人は、自分の思い通りになる従順な理想の女性でなくてはならないとこだわる男性は、羊の群れに放たれた狼になっていく。

これは男性の女性に対する恐怖心から発したものである。

男性にとって女性とは誰よりもまずその母親のことである。母親が子どもに支配的である、あるいは母親の無条件の愛情を信じることができなくて愛情飢餓を抱えた子どもに、性別は関係がないように見える。

が、実際はそうではない。男性学という学問がそれを明らかにしている。

支配的母親への恐怖（屈服）と怒り（反抗）がとりわけ強い男性は、相反した感情を合体させるために、女性一般に復讐をすることで自分の葛藤を克服しようとする。それが女性を所有しては別れることを繰り返す恋愛嗜癖である。

ある人を愛しているということは、その人に愛されたいと思うことである。その人から愛された、自分はその人を所有できたと確信した時、愛しているという心は消去されてしまう。この嗜癖はプロセスそのものに意味があるので、結果が出ると新たな恋愛が求められる。

どんな作業でも、嗜癖や強迫の域に到達しない限り、人は才能を開花させることができないのかもしれない。

理想の恋人

実際、モテるというのは一人の人に長く深くモテることを言うのではなく、多くの人にモテることを言うものである。多くの人に自分の魅力を確認させながら、自分から愛することを出し惜しみする快楽を恋愛というなら、恋愛と結婚は正反対のものである。

結婚は恋愛とは違って、数を競うことではない。

アメリカで富と名声を得た男性が、年をとってから若いモデルと再婚や再々婚する「トロフィーワイフ」の披露が増加しているが、いかにもアメリカはパワーの国であると思わされる。

が、結婚は、基本的には一人の人と長く関わることである。恋愛の熱狂が冷めても親密性のある愛情段階に入っていき、果ては人類愛の境地に突入していくこともある。

結婚は恋愛とは別のものである。結婚するのに「恋愛の才能」は要らないのである。むしろ「結婚の才能」は、「恋愛の才能」を封印するところからようやく生じるものである。

日本人の既婚者に対する「なぜ結婚したか?」という質問に対して、1位と2位を占めるのは、「タイミング」と「成り行き」という回答である。つきあっているうちに、相手の転勤が決まったとか、親に「いい加減籍を入れたらどうか」と言われたからというようなものである。「ずっとこの人といてもいい」と思えるような人がいたなら、日本人はその人が自分には「適当な相手」だと思う気持ちを持っていないわけではない。ただ、背中を押してもらわねば決断はできず、曖昧なままにしているのである。

「恋愛嗜癖」は理想の女性探しの終わりのない彷徨なのだから、プロセスの快感を求めすぎる人は結婚をすることが困難になる。

「恋愛嗜癖」でない人でも、昔つきあった恋人があとで比較すれば理想の相手だったことに気づくということがよくある。過去の栄光に固執すると理想が高くなり、新たに出会った人など歯牙にもかけなくなる。

だいたい、人間は若い頃には何を御馳走されても、初めて食べるものを虚心においしいと思うし、味覚そのものも柔軟で適応性があり、その料理を自分の好きなものに組み込んでいけるが、経験と年齢を積むと、なまなかの食事ではおいしいとは思えなくなる。

「自分は、もっとおいしいものを食べている」というプライドがあって、これがおいしいと言う人の気が知れないのである。その点、「低」の女性は、何を食べても「おいしい」と感動する。ギャグの面白い女性というのは、たいてい舌も肥えているので、誰も満足させようがないのである。

「まずいものでもおいしいと言って食べること」が「結婚の才能」なら、プライドと理想を引き下げて、嘘をつく覚悟がいる。これほど苦しいものはない。

職業選択の自由

10年前というと実質30年も前の思いがするが、「もう結婚しようとは思わない」と言う女性の中に「引っ越しするのが面倒くさい」を理由に挙げる人が結構あったが、それは「一度作り上げた生活スタイルを変えるのが嫌」ということの形を変えた表現でもあるのだった。

「生活スタイル」はその人の価値観を可視化するために作られた意匠なので、「引っ越しは面倒くさい」というのは、「新しい部屋で自分の価値観を再構成することは、もうできない」という宣言でもあるし、「育った環境や価値観の違う人には、もう合わせられない」という告白でもある。

人間は、20歳の時の価値観を生涯持って生きていく。

しかし、数年前から「生活スタイル」に拘る人もめっきり減ってしまった。

「結婚するより、『ロト6』に当たりたい」

もはや、生活防衛のために結婚するなどという迂遠なことは考えない。一番望んでいるのは1億円当たって経済的な安心を得ることという独身女性の本音と、孤独死とパニック発作に備えて、救急車に同乗してくれる友人の輪を作っているという女性の生活をエッセイで読んでから、「生活スタイル」云々は贅言《ぜいげん》で、老後に一人で住む家を設計するなどファンタジーだと思うようになった。

東京都では全世帯の4割が「単身世帯」で、「単身世帯」には学生も社会人も高齢者も含まれている。一人分の野菜をカットして置いているから、スーパーではなくコンビニの売り上げが伸びているというニュースを聞くと、人間は無駄を省くためには、そういう価値観は変えるし、また変えるしかない状況に追い込まれていくのを感じる。

二人でいることの孤独

しかし、現実の引っ越しというものはやはり面倒で、「世の中で一番面倒くさいのは引っ越し後の片づけですね」と、言った私に対し、「もっと面倒くさいのは、子どもを連れた離婚ですよ」と返した人がいて、なるほど、引っ越しの片づけの他に調停やら氏名変更の手続きやら子どもの学校の転入やら途中から入園が難しい保育所探しやら一人でする子どもの世話やらが加わることを思うと、食事すら悠長にできないことが手に取るように分かるのである。仕事のことだけ考えていられるのは恵まれた人である。

結局、面倒くさいことを予想して離婚をせず、一つ屋根の下で別居している夫婦がいかに多いかを想像すると、離婚ではなく結婚はよほど慎重に決めねばならないとも思うのだが、慎重に決めてもダメな時はダメなのである。

「年末に子どもが帰省しなかったから、お正月は一人ぼっちだったよ〜」と、離婚も別居もしていない夫婦が言ったので、「一人で一人ぼっち」と「二人で一人ぼっち」を比較してみると、「二人で一人ぼっち」の方がはるかに一人ぼっちであることは歴然としている。

有島武郎は、深夜に一人目覚めて同じ部屋にいる妻子の立てる寝息を聞いている時、眠っている人間は死んでいる人間と同じだと思ったと書いている。どうせ死んでいるなら肉体としてそこにいないでもらいたいのだ。

目の前の相手に視線も向けず言葉も発せず、1秒でも早く食事を終えて席を立つことを日に3回行う苦痛は経験した人でないと分からない。孤独死対策として同居していると納得するだけでは耐えられないのだが、引っ越しするのにも離婚するのにもお金がかかるし、お金があってもやはり面倒くさいし、お金があって面倒くさくないのならもっと厄介な理由が別に隠されているのである。

となると、老後にやっと一人暮らしができる家の設計を考えている時にだけファンタジーな気分に浸れる人は、世の中に確かに存在するはずである。

人間は一人だと不安になり、二人になるとやがて退屈になり、子どもがいないと寂しがり、子どもがいると心配が始まり、どうあっても簡単に幸福にはなれないという意味において平等な生き物である。しかし、そのことをして神様はうまくしたものだと感心していいのかどうかは私には分からない。

孤独には豊かな孤独と貧しい孤独とがあるように、家族という集団にも温かな交流と冷たい交流とがあるので、その人にとって都合のいい方だけを好きな時に好きなだけ享受できるということはあり得ないのだが、人は自分の本音を隠して、自分は幸福だというメッセージを出さなければならない。

本当に幸福であるなら人はそのことを逆に周囲に隠すものなのは、「ロト6」で1億円当たった人が周囲にそれを秘密にしているのと同じである。

にもかかわらず、官僚や教師や僧職者はもちろんのこと、政治家も銀行員も最近はタレントも、自分たちは家族も含めて幸福であるという顔をしていなければならない。公共性のある職業についている人たちは、「結婚」をすることが「現実」を受け入れたことの最も強い証拠となり、結婚後も「結婚の才能」を涵養し、家庭を維持しなければならないからである。

しかし、自分は幸福ではない。家族を持ってもそこに安住できず、そのことに自分はずっと苦痛を感じてきたと本人が明らかにしてもかまわない職業がある。芸術家である。ジャーナリストもまたそこに該当するだろう。

芸術というものの本質の土壌に、人間の作った社会への違和感と、人工の造形の不完全性に対する自然の完全性つまりは美への憧憬があり、芸術家にも「現実」を受け入れられない否定的感情が、「個人の病」としてある。

ある高校で教員を対象にした精神科医による研修で、「境界性人格障害」の講義が行われた。質疑応答に入ると、進路指導の教員が手を挙げて質問した。

「就職指導をする時、この子らにはどういう職業を勧めればいいのですか?」

精神科医はしらっとして答えたという。

「芸能人か作家になるしかないんじゃないですか」

芸術家の病が「境界性人格障害」と同一に論じられ、大衆化しながら拡散していく現状に、三島由紀夫と太宰治は思いがけない形で貢献している。二人は「境界性人格障害」だった人として、精神医学の啓蒙書に最も多く記されているからである。

近代文学の権威や三島・太宰研究者にすれば、最近の精神医学の診断基準のカジュアルさに大いに違和感を持つところであるはずだが、芸術志向の者に対する病理的囲い込みというのは、戦前には一般には強固にあるものだったのである。むしろ、そういう見方に抗して、芸術家は自分で自分を作り上げてきたと考えるのが妥当なのだろう。

現実を受け入れない職業

萩原朔太郎はまだ文学の世界で芽の出ずにいる40歳の時、医師である郷里の父親からの荷物を受け取った。箱を開けるとそこには拳銃が入っていて、「40歳でまだ一人前になれぬような男は、これで死ね」ということだと朔太郎は理解したということを、娘の萩原葉子さんが書いている。

「文学は男子一生の仕事にあらず」という考えは当時の父親には普通のものであり、「結婚して妻子を養えない道楽息子」は、たいてい三文文士だったりしたのである。

人は職業を選ぶ時には、先ず自分は役所や会社のような職場にいて集団でする仕事が向くか、個人でする仕事が向くか、自分を顧みて決めなければならない。

次に、職業には自分の人間性が完全であるか少なくとも円満具足を希求していることを示さなければならない職業と、不完全であっても承認してもらえる職業とがある。

二つの次元で対照関係になる典型的職業が高級官僚と芸術家である。三島由紀夫は、大蔵省の高級官僚から小説家に転身した人でもある。その経歴は当時は三島由紀夫によほどの決断力があったことの証拠であったが、今から考えれば、最初の職業選択においてよほど誤っていたことの証拠である。本人も官僚になりたくてなったのではなく、そういう職業を息子に求める家庭環境があったからだろうが、それは結婚にも同様の圧力を加えたことが想像できる。

職業と結婚では、その選択と適応能力（才能）に多くの共通項があるような気がしてならない。

最大の共通項は「現実」の受け入れである。

芸術家の世界観は作品そのものの中で常に表現されているのに対し、高級官僚は作品（法律や答弁）の中に自己を投影してはならず、自由な表現形式も持ち込んではならない。

いかにも不自由な、表現を規制された仕事なので、芸術家（や科学者）に比べると、職業として強い魅力を持たないように思える。しかし、明治維新いやそれ以前からずっと、日本の父親にとって最高の息子は「お役人」になった息子だったのだ。が、当の息子と母親側は反攻に出るようになった。

高級官僚の仕事は国家という「集団同一性」を体現する仕事であり、仕事をすればするほど国家との一体感が増すことになっている。自分は国家の一部である。

その点、芸術家には外部からの拘束がなく、大きな「集団同一性」を内面化するどころか、逆に「対抗同一性」しか持ち得ず、そのために存在論的安定を欠くことになるのであるが、近代以降（多分、大正時代に）職業イメージに貴賤の逆転が起きたのである。

芸術至上主義ではなく芸術家至上主義が女性（＝母親）を惹きつけるにつれ、多くの息子や娘たちは、東京で絵か文章か楽譜を書いて暮らすようになる。

「二足の草鞋」森鷗外から、萩原朔太郎を経由し、故郷喪失者の人生は遂に親に肯定されるようになった。社会が成熟するというのはそういうことである。

社会が成熟すると、人は結婚をしなくなる。

ミッキーマウスに祝われたい

ある男性が知人の娘さんの結婚式に出席したところ、その直後に同じ人から「結婚式をやり直すのでもう一度出席してほしい」という依頼があったという。「結婚式と披露宴のビデオ録画を頼んでいた人が撮影に失敗したので、もう一度やり直したい」という理由だった。

依頼された人が再び出席したかどうかは聞いていない。

が、録画失敗という事実に恐らくは新婦さんが驚倒し、式と披露宴の撮り直しを泣いて親と夫に訴えたのであろう。親と夫はその要求に応えたのである。出席を依頼された人はアホらしいと怒っていたが、実際には式と披露宴は再現された模様である。

今更言うには及ばないが、結婚式は儀式ではなく、新婦さんのためのイベントである。参列することにではなく、記録することに意味があるのである。そういう行事は何も結婚式に限ったことではない。子どもの出産を録画するよう夫に求める妻は大勢いるし、幼稚園の入園式、運動会、卒園式、それに参観日の様子まで親が録画するのはごく普通のことになっている。

女性は結婚式と出産をなぜ記録するのだろうか。

学生が結婚式や結婚後の新生活について想像しはじめると、想像はいくらでも膨らむという。「いい加減にしろ!」と自分を叱り飛ばしたくなるが、現実に結婚式がセレモニーでありながらショーでもあって、「感動」を形にするものである以上、そういう想像に際限はなく、簡単に「妄想」の域に入り込んでしまう。

「現実と妄想の区別がつきません。私が現実だと思っている妥協した結婚もまだ妄想のうちだという気がします」

まい子さんの独白

女性の平均初婚年齢は、その女性が都市部にある進学校かお嬢様校である中・高・大一貫の私学の女子校出身の場合は、女性全般の平均初婚年齢が27歳の時に、33歳に跳ね上がる。女子校の次には大学、就職と続き、仕事を覚え、一段落して、結婚と出産を考えだすと、30代の前半は優に過ぎてしまうのが普通だからである。

人は結婚しない女性や子どもを産んでいない女性の不安ばかり取り上げて、結婚して子どもを産む人の感情は取り上げない。だが、益田ミリさんの『結婚しなくていいですか。』(幻冬舎)という漫画は、違う。

主人公の結婚していないすーちゃんが、友だちのまい子ちゃんと久しぶりに会ってランチをする。まい子ちゃんがランチを終えて帰途につくページである。

「まい子です

35歳のにんぷです

去年、お見合いで結婚しました

産休をとれる雰囲気もなく、

会社は辞めました

来月産まれるお腹の赤ちゃん
早く会いたいよ〜
おだやかで幸せな日々です
これでいい
これも、また、よかった
と、思う半面
結局、こうきたか
と思うあたしもいる
10年前に結婚してても同じだったかも
がんばって働いて
仕事も任されるようになって
そういえばあの頃、肌も荒れてたけど
今は無職の
にんぷさん
大学も、会社も、結婚も
選んできたのは、あたし

これから先も
あたしは何かを
選べるのかな?
なぜだろう、
もう、なんにも選べないような気がするのは
さよなら
さよなら、あたし
もうすぐ別のあたしになる
ママになって、あたしはきっと、変わるんだと思う
この子以外に大切なものなんかなくなるんだろうな
新しい幸せ〜
だけど、
さよならしたほうの
あたしの、
あたしの人生も
ずっと自分で選んできたけれど、

選ばざるを得なかったこともある
またいつか、何かをはじめられるのかな〜
でも、会っておきたかったんだ、すーちゃんに
今のあたしで」
結婚しない人が結婚しない理由、出産しない人が出産を遅らせている理由を、妊婦のまい子ちゃんは的確に語っている。
結婚式は、女性が今までの自分と別れる日なのである。

結婚は幸福の象徴である

ごく普通の高校を卒業した女子の多くはまだ「結婚イコール幸福」という図式を内面化しているようである。それ以外に何か選べるだろうか、まい子ちゃんとは違って。

結婚が幸福の象徴であるとされるのは、逆に結婚が女性にとって喪失を伴う重要な転機であり、「安全」で「幸福」な将来が保障されていると思わなければリスクが大きすぎるからである。

女性は、自分の「転機」が「安全」で「幸福」なものなのであると自分に言い聞かせなければ、結婚することができない。しかし、結婚は次のステージへの通過点ではなく、多

くの場合、最終ステージである。手段ではなく結果的には目的なのである。目的である以上、一部始終は記録しておかなければならない。「安全」で「幸福」である将来を選択した最後の決定的場面は記録して、結婚後に何度も再生しなければならない。

そう考えるなら、もはやそれ以上先がない結婚がイベント化するのは避けられないのかもしれない。

「安全」で「幸福」な結婚とは、親のように自分を庇護してくれて、経済的に扶養してくれ、自分が精神的に支配できる誰かを捉まえることである。そういう人がいてくれれば、そしてその人が自分だけを一生見守ってくれれば、自分は今のままで、生きていくことができる。大人になる必要などないし、外の世界で競争する必要もない。

そういう男性を見つけることが、現在の結婚の才能である。意識という意識はすべて自分磨きに充てられる。

「TDLでミッキーとミニーに祝福されて結婚式を挙げたい」と言う女の子たちがいる。ミッキーとミニーは、人がその性別を知識として了解しているとはいえ、衣装をとれば身体の形態は同じで、彼らの間に性別はない。ぬいぐるみと同じである。

結婚は「性」があってするものだが、性別がない空間であるTDLでは、花嫁にもまた「性」がない。

そういうところで大人は結婚式をしないものだが、そこで結婚式をするというのは、「性」的には結婚していないということなのである。ミッキーたちが祝ってくれるのは、「性」的な結婚ではない。

そういう女の子はこういうことも言う。

「結婚して専業主婦になったら、自分は子育てで忙しいので、夫には家事を半分やってもらいたい。朝、ゴミを出すのはもちろん、掃除も洗濯も料理も半分やってほしい。育児は大変だというし、男女は平等なのだから」

古典的（近代的）フェミニズムの主張を骨抜きにするような意見であるが、これが現在の多数派の声である。

子どもの頃にできあがったこういう結婚の夢は、結婚の伝統的役割から逃避する「空想」のような印象を与える。

しかし、「空想」でも「現実逃避」でもなく、それは、結婚の「性」的な中身と「性別」的な役割を否認したまま、生活としては現実に行われていく可能性のある結婚である。古典的フェミニストの実践していたベタな結婚をこの子たちはしようとはしないのだ。「結婚」をせずに、結婚生活をする。そういう観念としての結婚である。

男子学生は「男が求めるのは弱い女性だ」という居直り発言を最近よくするのだが、この女性側の対応はそれに完璧に呼応したものである。女性の地位を余りに引き下げてしまったため、自分の居場所を家庭に定めた女性が男性に対して行う、結婚は結婚だが抽象的な結婚である。

まい子さんが感じた「仕事か子どもか」という葛藤は、正社員になれない少女にはもう経験もできないものである。

物心がついた頃には既に選択肢を剝奪されていた彼女たちは、自分たちが「無職の妊婦さん」でしかないことを肯定しようとする。

無数のまい子さんに学んで彼女たちが選んだ道である。

ジャニーズのいる国

「日本人はなぜ結婚指輪をしているんですか？」

たどたどしい日本語でドイツ人の先生に聞かれたことがある。

結婚指輪が彼女にとても奇異に映るのは「結婚しているかどうかはドイツでは個人のプライバシーであって、公然とさせるものではないから」であるという。

だから、ドイツでは人に「あなたは結婚しているんですか、それとも独身ですか？」というような質問をすることもあり得ない。公と私ははっきりと分かれていて、私的な部分に他人は決して介入しない。それからすれば、日本人は「結婚指輪」によって、自分の私的部分をわざと披瀝していることになる。

「日本人にとって結婚は公的な領域にあるんです」

そう返事するしかなかった。日本では、結婚は民営化されてはいない。

しかし、ヨーロッパの人がミステリアスに思うのは日本人の結婚だけではない、離婚もそうである。

フランス人の女性の先生が、授業中に実に嘆かわしいという口ぶりで言ったという。

「日本人の離婚の原因に経済的な理由が多いのはとても変です。フランスでは夫婦はそれぞれ経済的に自立しているので、フランス人の離婚の原因はほとんどが性格の不一致です」

フランスでは、女性は美容師もウエイトレスもデパートの販売員も官僚も政治家も、一生その仕事を続ける。そしてその仕事に誇りを持っている。自分の口は自分で養うのは当然のことだからである。その上で、恋愛をして、慎重に「結婚」という契約を結ぶ。なぜ慎重になるかといえば、「恋愛は長続きしないから」である。

子どもが生まれれば両親には子どもを扶養する義務があるが、夫婦は経済的に独立していて、夫が妻を扶養するのは当たり前のことではない。日本人のように、夫が働き、妻が家事をするという役割分担もない。

夫が経済的に立ち行かなくなると、それを理由に妻が離婚するということもない。恋愛というか友愛が続いていれば、人間だからパートナーの生活は援助する。

結婚しているかどうかは、フランスでも私的な領域の問題なのである。公的には、男も女もまずは社会で働く人として存在する。だから、出産をして国が子育てを物心両面で保障してくれれば、その期間は女性にとっては楽なのだ。

そういう話を聞いたある女子学生は「こりゃいかん」と思った。モラルから言えば、自分には「婚活」よりも「就活」の方がよほど大事なのだ。考えを改めなければならない。

しかし、彼女には大きな問題があった。

Chara もチャラになってしまい

彼女の父は誰の目から見てもワーカホリックなのである。常に仕事のことを考え、（何の仕事なのかは知らないが）仕事以外の話には耳を傾けようとしない。自分から人間関係を作ることができず、社交的な要素など全然ない。父に足りない分は母が代わりに葉書を書いたり挨拶したりして補っている。

母はいつも「うちのパパは病気じゃないかしら」と心配している。

長年そういう風に夫婦がペアになって家庭を形成してきたのを見てきた子どもとしては、自分の両親が一番良いカップルではないかと思ってしまう。ただ、母のように常に女性が周りに気を遣い、その結果体調を崩してしまうのは、やはりアンフェアだと思う。だからといって、父のように仕事に熱中するタイプにはなれそうもない。気がつけば、人に気を遣っている。

父にもなれず、母にもなれない自分は、結婚するなら平等とまではいかなくても典型的な日本人夫婦にはなりたくない。理想の夫婦は浅野忠信とChara だった。が、このカップルがチャラになってしまった現在、もう何を目指していいのかわからなくなりました……。

私（筆者）は、男子は既に結婚相手となる人に4K――可愛い、賢い、家庭的、軽い（体重が）――の他に「経済力」という5番目のKまで求めている、と女子学生に教えたことがある。

別の学生が、それならこれはフランス人の先生がいう結婚と同じ考えではないか、本当だろうかと、東大生のサークルで聞いてみたところ、男子は全員「そうだ。女性には経済力が必要だ！」と答えたという。

早い話が、男子は自分の夢を追う時に、妻になる人には「支えてほしい」、しかも失敗しても「見捨てないでほしい」と思っていることが分かったのである。

「ずるいのは、日本人の女性ではなく男性の方なのではないでしょうか？　男子は今ではみんな逆シンデレラ婚を望んでいます」

それに、今までいかにも日本的な女の子に育てておいて、いきなり経済力を持てと言われても、彼女たちには無理なのである。エビちゃんに向かって明日から勝間和代になれと言うようなものである。

「先生、勝間和代さんはロマンティック・ラブをしたことがないと言っていました。何が楽しくて子どもさんを3人も自分一人で育てているのでしょう？」

無理ついでに言えば、日本で一番出生率の高いのは南の島嶼《とうしょ》部であると、これも私が教えたらしい。島は周囲を海に囲まれており（当たり前だが）、「外部」というものがなく、年齢の違う子どもたちは終日、海辺で遊んでいる。村の人は全員が顔見知りで、どの子の名前も知っている。島には塾はなく、受験競争もない。そういうところでは人はおおらかにたくさんの子どもを産む。と、そういう話をしたのだが、別にデータとして話しただけで何も薦めたわけではない。しかし、一人の学生が反論をしたのである。

脳内彼氏がいればいい

南の島に住む方はそれで幸福なのかしれませんが、今から私たちが島に移住し、島の生活に馴染むことなどできるわけがありません。日本の人口を殖やすために、島の人のような生活をしろと言われてもとても無理な話です。

私は東京に生まれ、東京に育ち、小・中・高と女子校に通い、大学も女子大に来ました。熱心に塾に行ったわけではなく、中学時代はジャニーズに夢中になり、高校時代は部活に専念しながら、ブランド品を収集していました。女子がリーダーになってすべてを仕切る文化祭は貴重な体験でした。社会に出て、男性のリーダーシップを受け入れることに、私はきっと戸惑いを覚えるでしょう。

桐野夏生さんの『グロテスク』にある生徒同士の格差による葛藤が当てはまるには私の高校は校則が厳しすぎました。ロゴ入りのソックスをはいて行くことは禁じられていましたので、友人を出し抜くこともできませんでした。島の人たちのような「平等」な生活が高校時代にはあったと言えるのかもしれません。

私は子どもの頃からピアノとバレエは習っていましたが、それでモノになることはなく、今は平凡に生きています。

男性との出会いといえば普通に合コンですが、夢中になれるような恋愛はしたことはありません。結婚できないような人とおつきあいするのは無駄のような気がしているのでしょう。

好きな人と一緒になりたいとは思います。結婚の条件は満たしていても、もし自分がその人と恋をしていないとしたら、そのことは淋しいですね。

でも、現時点では私は、街でナンパされるのをうまくかわす方法とか、おつきあいする人が別れた後でストーカーになるタイプかどうかを見抜く方法とか、摂食障害にならない程度にダイエットする方法とか、学習しなければならない技術がたくさんあって、女としての生きづらさを感じながらも、ガールズトークができる友人たちに恵まれていて、そのことでは両親にとても感謝しています。

母は「真面目でよく働く、家にはあまりいないパパのような人を見つけて結婚するのよ」と、私と姉に薦めます。

母は専業主婦ですが、家でお友だちにお料理を教えています。「男性の胃をつかまえておけば、女は安心よ」と言っていますが、ジャニーズにハマっています。ジャニーズJr.で新しい子を見つけると盆栽感覚で育てていくのです。

私も昔はジャニーズにハマっていましたので、結婚して子育てが一段落すると、母のようにジャニーズに戻っていくでしょう。結婚していても疑似恋愛することで生活が活性化すると思うからです。実際、母はいきいきしています。

私が中学時代にジャニーズに夢中だったのは、彼らは理想の男子でありながら、絶対におつきあいすることが叶わないからです。「脳内彼氏」のようなものですね。

以前は母と私と姉の3人でジャニーズのコンサートに行っていましたが、今は母と二人で出かけます。姉は高校までは私と同じ学校だったのですが、大学は慶應に進学しました。家ではメガネ・スッピン・髪ボサボサ・スウェットで、資格のための勉強をしています。お出かけに誘っても「慶應ではこんな生活しかできないのよ！」と怒鳴るので、母は仏壇にお供えするようにお料理を運んでから、私と出かけます。

姉を見ていると、自分が競争に勝ち抜くことができるとは思えません。

私は与えられた条件の中で生きていくでしょう。

父のような人と巡り合って結婚し、母のような幸福な一生を送りたい。そのような伝統的で平凡な幸福を望んでいるのです。

私の中のもう一人の私

１９８８年、ドラマの世界に初めて「トレンディドラマ」と呼ばれるドラマが登場した。浅野温子と浅野ゆう子の「W浅野」でも話題になったフジテレビ系の「抱きしめたい！」である。バブル真っ盛りの頃だった。「トレンディ」というのは「流行の先端を行く」という意味である。

「抱きしめたい！」は「マリン感覚あふれるロマンティックコメディ」を自称していて、主題歌はカルロス・トシキ&オメガトライブの「アクアマリンのままでいて」である。当時最もトレンディな趣味はスキューバダイビングだったのだ。

「W浅野」は幼稚園から短大まで同じ学校に通った親友という設定である。スタイリストの温子と主婦のゆう子は、出身地、年齢、階層が同じということである。こういう設定にしておくと、一人の女性が選べたかもしれないもう一つの人生の可能性を、互いに相手に投影して描くことができる。女性は二人で一人なのである。この場合、二人の女性の一方は、無思慮で大胆で可愛げのある「女性らしい女性」として描かれなくてはならない。そうしないと女性と女性の間の対照性が強調されないからである。が、これは女性版ドラマの定型であって、何もそのことがトレンディだったわけではない。

たとえば、リドリー・スコット監督の映画「テルマ&ルイーズ」である。仕事も性格も対照的な二人の女性が旅に出ると、より女性らしい女性であるテルマの軽率さのために、ルイーズが殺人を引き起こしてしまう。逃げ続ける二人は最後には谷底に車ごとダイブする。ルイーズもテルマと共に死ぬことを選ぶのである。

この映画は「90年代の女性版アメリカン・ニュー・シネマ」と称され、アカデミー脚本賞を受賞しているが、それは1991年のことであるから、「抱きしめたい!」の3年後である。

映画とテレビ、悲劇と喜劇、アメリカと日本という相違があることは分かってはいるが、それでも両者のテーマは同一のものであると思われるのである。

そもそも「トレンディドラマ」は、簡単に言ってしまえば、女性雑誌（分厚い方）のグラビアを飾っていたモデルさんが写真から抜け出て動きだしたり喋りだしたりするドラマのことである。「トレンディドラマ」は、雑誌とテレビの垣根をかき消したのである。

テレビの女優さんは出身からいえば、役者とアイドルとモデルの3種類がいる。テレビドラマの演技は舞台のそれとは違って感情をあまり出さない薄い演技なので、微妙な表情や仕種で内面を表現できるモデルさんは、役者だった人よりもドラマには却って入りやすいのかもしれない。

「トレンディドラマ」が新しくてリアルな世界を見せるものであることが分かってしまうと、「トレンディ」という形容詞はあっと言う間に消えてしまった。単に「ドラマ」と言うだけで「トレンディドラマ」を指すようになったのは、「ドラマ」が流行の先端を把握しているのは当然の約束ごとになったからである。

女性の意識の二重性

ドラマを作るのがスポンサーであるというのは重要なことである。商品のＣＭは、ドラマが中断した間に行われるのではなく、ドラマの内部で行われるようになる。

「抱きしめたい！」から20年の間に、「東京ラブストーリー」「ロングバケーション」「やまとなでしこ」「ハケンの品格」「結婚できない男」「ラスト・フレンズ」といった秀作ドラマが次々に送り出されてきた。ただ、こういった作品であっても、スポンサーや視聴者の要求によって、ドラマの結末が度々書き換えられてきたことは事実である。本来なら結婚することなどあり得ない主人公の二人が、「二人を結婚させて幸せにしてあげて」という要望が視聴者から多数寄せられたために、最後に結婚式を挙げさせられる。ストーリーは最後の最後で破綻してしまうことになるのだが、ドラマは商品なので仕方がない。

どんな制度もそうだが、その制度によって最も抑圧されている者が最も熱狂的にその制度を支持するのである。

たとえ派遣労働の問題がテーマであっても、たとえ主人公が阿部寛であっても、日本のドラマのテーマは「結婚」にある。結婚に対する「女性の意識の二重性」にある。なぜ「二重性」を帯びるのかといえば、前の世代が次の世代の価値観の半分を形成するからである。

親の価値観と子どもの価値観が対立していても、自分のとは反対の親の価値観を子どもは内面化し、その意識は二重になる。これが流行を超えた不変の問題であるのは、親の価値観もその半分は親の親によって植え付けられているからである。女性は一人であっても常に心は二人である。最近では、男性の中にもまた女性と同じ病にかかる人が増えてきている。

「日本のドラマほど勉強になるものはありません」

台湾から来た女子の留学生は、中学生の時に台湾で「花より男子」の台湾バージョンを見たという。その時には、大金持ちでセレブでもある男子と結婚しようとするような女を見て「みんなバカだ」と思っただけだった。しかし、日本に来て「花より男子」の日本バージョンを見て、日本を見回すと、考えが変わった。

「やっぱりお金持ちがいい。ブランド品が何でも買える。日本のように物が豊富にある国に育てば、よい生活をしたいと思うのは自然なことだ。日本の女性はお金持ちと結婚したいのではなくお金持ちのお金がほしいのだと思う。欧米人はよく愛情があれば水とパンだけでも生きていけると言うが、アジア人にとってそれはあり得ないことだ。アジア人は日本に来ればどんどん現実的になってしまう」

台湾からの別の留学生は「やまとなでしこ」で日本文化を学んだ。

「私は留学生なので、仕事を辞めるとか仕事をしないということは考えられません。両親に養ってもらって、今まで教育を受けてきて、主婦になれば両親はとてもショックだと思います。日本の女性は優しくてとても可愛く見えますが、『やまとなでしこ』を見て、女性は弱くて男性に庇ってもらえると何でも男性から貰えることが分かりました。中国人と日本人の一番の違いはそこにあると思います」

厳密に言えば、「花より男子」はトレンディドラマから発生したドラマではない。日本のドラマ作りの職人たちは「花より男子」はドラマ化するに価しないと思ったのかもしれない。ドラマ「花より男子」は日本の少女漫画「花より男子」が台湾でドラマ化されてヒットし、それで日本でもＴＢＳがドラマ化した一種の「逆輸入ドラマ」で、ここ20年の歴史を持つ日本発のドラマとは明らかに一線を画する。

台湾の結婚ファンタジー

台湾には「花より男子」のように「お金持ちと結婚して幸福になる」という夢を持つ少女と、「好きな仕事で頑張って成功する」という夢を持つ少女たちの両方がいるということになる。

それを「性的自己実現」と「社会的自己実現」と呼ぶとすると、この2つの欲求が人をどちらかにきれいに分類してくれればいいのだが、なかなかそうはしてくれない。「結婚ファンタジー」と「社会的な達成願望」は同一人物の中でも（前者の留学生のように）時間と状況の変化に応じて、絶えず変化し続けるからである。

この2つは互いが互いを否定するのだから、持続する自己否定の結果、女性の自尊感情はどんどん低くなり、自分の人生には何の価値も意味もないと思うようになってしまう。しかも、女性はどちらに自分を置いても必ず「欠落感」に襲われることになる。

結婚に対する女性の意識の二重性はこのような形で現れる。日本のドラマは20年前からその問題の一因を作り出しながら、その問題を追究してきたのである。

台湾の留学生は「結婚ファンタジー」を持つようになったことを、日本に来て「現実的」になったからと表現している。アジアの中で女性の意識の二重性を最初に自覚したのは日本である。晩婚化と少子化をアジアで最初に経験したのも日本である。現在、台湾も韓国も日本のあとを追っている。

東アジアの自由主義国では、日本で起こったと同じことが女性の中で深刻化しているのだ。

２０００年、「やまとなでしこ」で、「結婚」を受身で待つのではなく自分から仕掛けていく女性を松嶋菜々子が演じた。選ばれるのではなく選ばせる。追いかけるのではなく追いかけさせる。女性が決定権を持っているのである。

このドラマの結末は間違っていると指摘するのは日本人の学生である。

「馬主を探して生きるなら、東十条さんをふり、欧介さんとも別れるべきである。最後まで打算を貫いて桜子は敢然と孤独にならなければならない」

１９９５年、「愛していると言ってくれ」で、常盤貴子演じる水野紘子は画家の榊晃次（豊川悦司）を夢中で追いかけ、晃次さんに「選ばれる」ことだけを願っていた。選ばれなければ、自分は郷里に帰って父の喜ぶような結婚をしなければならない。

「東京ラブストーリー」（１９９１年）の赤名リカ（鈴木保奈美）も奔放に見えてカンチに選ばれることだけを願う90年代の女性だった。

１９９５年から２０００年の間に日本の女性の意識にとっての分水嶺に当たるような事件が何かあったのである。

女性の身体と保守性について

男性と女性とでは結婚に対して、究極のところ、どちらの方が保守的と言えるのだろうか？

大正時代、都市郊外の分譲地に建築された洋館に住んだ人たちの中に、当初の設計のままで住み続けられる家族はいなかったという。洋室の一室が和室に改造されてしまうからである。

どの家でも最初にそこに居住した夫妻（家族の初代）が取材されている記事を読むと、

洋室だけでの生活に苦痛を訴えるのは決まって妻の側である。

「私は全室洋室でもかまわないのですが、家内が『椅子に座った姿勢ではくつろげないので、和室が欲しい』と言うものですから」

女性が男性よりも、自分の部屋を慣れ親しんだ形態に復元しようとするのは、女性の身体感覚の方が男性のそれよりも敏感だからである。身体的な解放感や圧迫感に関して男性は相対的に鈍感にできているのだろう。男性は女性ほど、自分の身体の声に耳を傾けない。そういうことは女々しいこととされてきたからである。

女性の身体に刻み込まれた安全装置は、もちろん環境の変化から女性を守るために機能している。過労死する人に圧倒的に男性が多いのは、女性は過労死する前に職場を去るからである。

そして、身体感覚は人格の重要な成分でもある。

つまりは、女性の方が保守的なのだろうと私は思う。

女性が結婚相手に求める欲求を、家族社会学者の山田昌弘氏は「父親が与えてくれたのと同じか、それ以上の経済的条件」と、定義している。

言い換えれば、女性は子ども時代に身体が記憶した感覚を一生「基準」にして生きていく性別なのである。

フローリングの床が登場した時、それが女性の欲望と身体感覚に応える見事な発明品――畳のない和室――であることに感心したことがある。

さてそこで、洋室を戦後日本の核家族、和室を家制度に基づく大家族の単純な記号と見なすことはできないだろうか?

「女子大生ブーム」という残酷

人は結婚する前から、その人の親やさらにその親の生活から予め結婚をイメージしているものである。たとえば、お正月のお雑煮である。日本はいくら国土面積が小さいとはいえ、地方では独自の風習がいまだに強く残されている。県民性というのは廃藩置県によって明治期にできた道府県の性格ではなく、江戸時代の藩に備わった性格が温存されたものである。

封建時代の地方の風俗は食べ物や衣裳に関する規則としてとりわけ強くあり、女性の保守的な身体感覚を通して次世代に伝えられる。味覚は人生早期の食べ物によって規定され、若いうちには許容性は広がっても、最終的には郷土食に帰っていく。食はその人の保守的な側面を一番よく表すものである。

そこに、「衒示《げんじ》的《てき》行為」としての結婚というものが出現した。女性が都市部にある進学校かお嬢様校である中・高・大一貫の私学出身の場合は、平均初婚年齢が高くなることは以前にも記した。中学・高校・大学時代に、同じ年齢の女子の中で、本人も意識しないうちに、ブランド品であれ、趣味であれ、ある「基準」ができあがってしまう。さらに、その学校だけで密かに使用されるサブ・テキストによって、人に対する辛辣で批判的な精神もできあがってしまう。

結婚にもまた、同級生に披露して恥ずかしくない相手とするものという強迫観念ができあがる。

中・高・大学時代の友人たちが結婚した相手の会社での収入を序列化して、すべて諳《そら》んじていた女性がいた。自分の姉の夫の年収を引き合いに出し、自分の夫の年収への不満を抑えられない女性もいた。面白いのは、年齢がいずれも40代初めから半ばであることである。

周囲にいる人と比較した上で自分の幸福感を決める傾向が、所謂「女子大生ブーム」（1983～91年）に女子大生であった年齢の主婦の人たちに歴然と残っているのは驚くほどである。男性が自分に貢いでくれる金額が自分の値打ちなのである。どの時代に女子大生であったかということは女性にとってとても重要なことである。

配偶者選択の学習は、ハイイロガンが比較行動学者のローレンツの後をついて歩くような単純な初期学習ではない。同じ後をついていく学習でも、結婚の場合、インプリンティングは早期と思春期（青年期前期）の2度に亘って行われ、一旦刻印されたものを完全に消去することはできない。

女性は、卒業後も、同級生の生き方を参照することで「基準」を維持するのである。夫の年収が父よりも下、友人の夫よりも下、姉の夫よりも下という場合、妻は生活するのに何ら不自由がなくとも、結婚生活になかなか満足感を見いだせない。

しかも、結婚してみれば、資産の多寡に応じて無視できなくなる夫の両親がいる。結婚は両性の合意のみで行われることになっているが、結婚してみればそんな単純なものではなく、家と家の間で行われる古いものでもあることにやがて気づかされる。

女性の結婚意識が、幼児期と思春期における経験が縦糸と横糸となって織りなすタペストリーであるとすれば、このタペストリーは、家制度という額縁に収められている。

女性はただ一人の判断で結婚の幸福を手に入れることはできない。友人から羨望され、家族から祝福されるような結婚でないと、日本人女性にとって結婚することに意味はない。

結婚と恋愛は別という「結婚の常識」があるのは、女性の間では結婚の「基準」だけが「公的」なものだからであろう。この頃から、既に結婚は女性にとって打算を内包したものになっていた。なんといっても、それが「公的基準」になっているのだから仕方がない。

しかし、90年代まで、それはまだある程度は隠蔽されていたと思う。「女子大生ブーム」を作りだしたフジテレビの深夜放送「オールナイトフジ」が、放送終了を迎えたのは、１９９１年、バブルの崩壊により花の女子大生にも就職難の「冬の時代」が到来したからである。女子大生が経済の影響を直に受けて最初に転落させられる身分であることを示す典型的出来事であった。

本当のことは身体にしか分からない

１９９５年から２０００年までの間に、女性は女子大生の時に獲得した「自己愛」が、徐々に挫折していくことを認めざるを得なかっただろう。

思春期にできあがる「基準」は、実は「妄想」である。本人には「理想」として意識されていても、所詮時代の作りだした「妄想」である。しかし、だからといって、それを切り替えることなどできるだろうか。

大学生の頃の「自己愛」の水準を、40歳になって切り替えることのできる人は少ない。なんといっても結婚する相手への好き嫌いは、生理的な次元つまりは身体化された次元にあるのだから、きわめて保守的なものである。

バブルが弾けた直後から日本の鬱病患者の増加は始まっている。

生きていくことは経済的な安定を確保することである。しかし、働いてそれを得ることが難しいと分かると、女性は「結婚」による階級上昇によってそれを得ようと考える。「選ばれる」のを待っているのではなく、「選ばせる」ことを自分から行わなくてはならない。「合コン」は、出会いと結婚をダイレクトに結ぶ行為である。

「抱かれる女から抱く女へ」という古典的フェミニストのスローガンなど、男女の解剖学的差異からいってそもそも不可能なことであり、「抱く女」というイメージ自体をひよわな女性の「自己愛」は受けつけない。女性は「性的主体」になることができないというより、なりたくはないのだ。

どこまでも「客体」の位置は確保しながら、状況の支配者にはなりたいとすれば、「選ばせる女」という使役動詞の道を行くしか他に道はないのである。

「やまとなでしこ」の主人公・神野桜子は、「合コンの女王」であるから、「選ばせる女」である。自分の打算にここまで忠実な主人公はドラマで描かれたことがない。

しかし、ドラマの初めの時点で、神野桜子は選ばせるつもりで既に使役動詞の領域から外れていく。

深夜のデートで、靴を脱いで放り投げ（象徴的な行為だ）、素足で芝生を歩き、ボートが転覆して欧介と共に池の中に放り出され、互いに笑い合う。このシーンで、桜子の身体感覚は完全に解放されている。それは桜子の中では強く抑圧されてきた心の傷の解放であり、東十条司といる時には満たされないことが視聴者には理解される。東十条司の背後には、「家」があるからである。廃屋同然の家に生まれた桜子には、文字通り敷居が高すぎるのだ。結婚が女性にとって「夫の家に入る」ことであり、実質的には自分の苗字を棄てることであり、やたら規制が多過ぎるのは、日本の結婚制度が旧来の「家」制度の上に恋愛を接ぎ木したものだからである。女性の身体感覚は自由だった子どもの頃に絶えず帰ろうとする。その保守性ゆえにこれほど正直なものはない。

正社員になったと同時に子宮内膜症が治った女性がいる。雇用不安というストレスを生殖器官が前面に立って受け止めてくれていたと知ったそうである。

あとがき

「一冊の本」で「結婚の才能」の連載が始まったのは2008年、『結婚の条件』が出版されて5年後のことである。「結婚の才能」の連載分を通読してみると、2年前と現在の状況の違いについて改めて驚かされる。

この本の前段とも言うべき『結婚の条件』も02年から「一冊の本」に連載されたものなので、結婚について書き始めてから8年近くが経過したことになる。

8年前、少子化はすでに問題視されており、原因が晩婚化・非婚化にあることも政府によってすでに把握されていた。

女性が社会進出したから晩婚化が生じているのではない。結婚よりも仕事が大事と考える女性は全体の数パーセントに過ぎない。圧倒的多数は専業主婦を目指しており、「専業主婦として自立できない結婚」には二の足を踏んでいる。「適当な相手がいない」。だから晩婚化が進行しているのである。

しかし、このことが理解されることは少なかったように思う。女性が仕事を持ち自分の収入を得るようになったから結婚などしなくなった。それがステレオタイプな見方だった。

国家は未婚者に結婚を奨励するという政策はとらなかった。結婚するかどうかは個人の意思であり、そこに立ち入るべきではない。従って、すでに結婚して子どもを産んだ人、これから子どもを産もうとしている人が子どもを育てやすいようにする予算を講じるべきである。次世代の国民を産んでくれる国民を優先的に保護しなければならない。実質上国民の義務である結婚をしていない人には、その人がいくら税金を納付していても、ビタ一文税金は使わない。それが統制型資本主義国家であり、国家社会主義国家の施政である。

しかし、女性が専業主婦を目指して男性に「経済力」を求めると、多くの男性が結婚のリストから外されていく。男性の男性としての自尊心はその年収とパラレルであることが公式化される「男性の危機」に際し、誰も異議申し立てもしなければ怒りもしなかった。

一方で自分は結婚の資格があると思っている男性は女性への要求を絶対に下げない。そのために結婚は先送りされていく。結婚はカネとカオの交換だからといって、それに固執する人は結婚ができない。しかし、両親が子どもの結婚相手を探す「親同士のお見合い」では、女性の一番人気は「介護士」である。誰のための結婚なのか分からない。

結婚がこのように条件闘争化したことで「国民皆結婚制度」は崩壊した。すでに、生涯非婚者が増加することも予測されていた。

そうなったのも、女性にとって結婚が「生活財」であるからである。そのことはどんな時代にも変わらない。結婚しなくても食べていけるなら、女性は夫に「依存」しようとは思わないなどというのは嘘である。

しかし、すべての欲求を満たしてくれる「理想」を求めると、「適当な人」は永遠に見つからず人生に何も起こらないのは、神を求めるあまり無神論者になるのと同じである。

さらに人は「みんながするから自分もする」という「再帰性」の法則で、物を買ったり買わなかったり、結婚したりしなかったりする。参照する「みんな」は「自分」の集まりに過ぎないのだから「幻想」である。結婚には「理想」と「幻想」がつきものである。

結婚自体を「妄想」の中に放つと微に入り細をうがち、「妄想」はとどまることがない。際限がないというのは、「妄想」することが楽しい証拠である。

『結婚の条件』のあと5年ぐらいは、そうして「現実」と距離を保てる時代だった。

女性の結婚の目的は、「生存」「依存」「保存」の3つに分けられる。

そんな時代にも、生きるために「理想」を捨てて結婚する人はいた。「生存」のために結婚する女性である。地方出身で高卒の女性は、食べるために30歳までに結婚をする。本当に結婚をするか、結婚の夢を利用する以外、つまり「結婚」をしないで生きていくことができるだろうか。

リーマン・ショックのやってくる前から「現実」の中に生きていたのは「生存」のための結婚をした人だけだったのである。

そして2年前、世界同時不況で事態は一変した。すべての人の足もとに火がついた。それに相前後して「結婚の才能」の連載が始まった。結婚が経済構造に大きく依存している以上、経済が変われば結婚も変わらざるを得ない。

株価の暴落、失業、大卒無業、賃金カット、非正規雇用、パート労働の契約打ち切り、消費としての労働の終焉。すべての世帯がそれらから免れることができない。家族の誰かがその当事者なのである。社会の底が抜けたのだ。

経済不安と孤独の海に放り出され、未婚者は生きるために結婚するか、生きるために結婚どころではなくなるか、いずれかになった。もう「理想」に生きることはできない。未婚者は「妄想」している時間があれば「資格」のための勉強をしなければならない。結婚して専業主婦になり、子どもを育て、トール・ペインティングやガーデニングを楽しみ、家族の癒しの天使になるという「大義名分」は不可能になったが、砂粒のようにバラバラになった時には、「家族」の絆が人を支えるので、「家族」の価値の見直しが始まる。

家族の要は母である。女性はまず母にならなければならない。しかし、専業主婦に納まってもらっては困る。女性は日本では移民の代わりになる貴重な労働力である。

女性は結婚をして子どもを3人は産み、資格のために勉強をし、夫に依存せず、独立して子育てをし、達成目標に向けて努力し、時間を効率的に使い、会社に依存せず、社会貢献をし、美も保たねばならない。「達成依存症」的生き方の奨励である。こういう生き方に最も敏感に反応したのが女子学生である。それを肯定するか否定するか学生時代に決めておかねば就職も結婚もできない。

迷える大学生の最期の「妄想」は、専業主婦モデルの黄昏期に書かれたものである。「妄想」をしている人は自分がそのように生きられないことを知っている。現実に不器用だからこそ「妄想」が巧みなのだ。天は二物を与えず。

社会の底が抜けた時には、恋愛の才能と結婚の才能とでは、結婚の才能の方が重要に決まっている。半永久的に一人の人間と繋がる絆を作りだす能力がこんな時代には必要だからである。こんな時代とは現実性と日常性に回帰した時代である。恋愛の才能などあってもロクなことはない。恋愛の才能のある人は、頭の中にある抽象が具体になって現れるのを見るのが嫌なのだ。リアルな自分を直視することが怖いのである。それは虚に生きる能力である。そもそもそういう人は虚業を職業にしている。学生が公務員を志向する時代にはあっても意味のない能力である。

結婚に関してはいろいろ考える時代ではない。即実行に移すのがいい。「妄想」していても生活が保障されるわけではない。

『結婚の条件』が出版されてから、「婚活」という言葉が流行語になり、合計特殊出生率も少しではあるが上昇したという。

私自身が直接知りうる範囲では、03年当時に未婚であって10年現在子どもの親になった人が二人いる。そのうちの一人は、「結婚がタクシーで来るとき」の章に登場した男性である。あとの一人は、会社をクビになりかかっていた時に「30を過ぎた女性は、自分から動かないと結婚はできない」という私の呟きをたまたま聞いた女子である。私はそういうことを言ったこと自体を覚えていない。

彼女はその日のうちに、仕事で一度だけ会ったことのある、初対面でメチャクチャ好感を持った男性の自宅に宅配便で送るはずの書類を直接持って行った。恐縮した男性が「酔虎伝」でご馳走をしてくれた。夢中で話をしていると終電がなくなって彼の部屋に泊めてもらった。翌朝、彼女は雀よりも早く起きて朝食を作った。そこからお互いのことが「寝ても醒めても好き」になった。

最初の12時間こそ計画的と言えば計画的だが、12時間後にはモーゼのごとく前に道ができた。そこを歩いていって、結婚をした。

結婚するとそれぞれの実家に帰る高速料金が無料になり、子どもが生まれると出産一時金が支給された。（彼女はそういう制度を知らなかったのである。）子どもを預けて夫婦で自由業の仕事で必死に働こうとしたが、妊娠中に近所の保育園を回ると無理だと言われた。ところが子どもが生まれるや、保育園の定員枠が拡大されることになった。「子ども手当」も出ることが決まった。そのうち、幼稚園の保育料と小学校の給食費も無料になり、高校に次いで大学の授業料も無料になるであろう。

好きな人と一緒にいられればそれでよかったので、子どもの学費の「財源」を相手が持っているかどうかなど考えずに結婚をしたら国家がお金を出してくれることになったのだ。案ずるより産むが易し。

編集者の矢部万紀子さんと矢坂美紀子さんには大変お世話になりました。心よりお礼申し上げます。

２０１０年３月大安吉日

小倉千加子

小倉千加子（おぐら・ちかこ）
1952年大阪生まれ。評論家。早稲田大学大学院文学研究科心理学専攻博士課程修了。主な著書に『結婚の条件』『男よりテレビ、女よりテレビ』『宙飛ぶ教室』（朝日新聞出版）、『オンナらしさ入門（笑）』（理論社）、『ナイトメア』（岩波書店）、『シュレーディンガーの猫』（いそっぷ社）、『うつ時代を生き抜くには』（斎藤由香との共著、日本実業出版社）、『ザ・フェミニズム』（上野千鶴子との共著、ちくま文庫）など。

本書は「一冊の本」2008年1月号から2009年11月号までの連載に加筆をしたものです。

結婚《けっこん》の才能《さいのう》

二〇一〇年四月三〇日　第一刷発行

著　者　小《お》倉《ぐら》千《ち》加《か》子《こ》
発行者　島本脩二
発行所　朝日新聞出版
〒一〇四-八〇一一　東京都中央区築地五-三-二
電話　〇三-五五四一-八八三二（編集）
　　　〇三-五五四〇-七七九三（販売）
印刷製本　凸版印刷株式会社

ISBN978-4-02-250698-6
定価はカバーに表示してあります